教師の悩み

諸富祥彦

ワニブックス
|PLUS|新書

はじめに

今、教師が、学校が、ピンチです。

2019年に報道された神戸市東須磨の「教師間いじめ問題」では、20代の男性教師に対し4人の同僚が激辛カレーを食べさせるなどハラスメント行為を行っていたことが発覚しました。ニュースの内容は世間に衝撃を与えました。教員世界全体のごく一部の出来事であるとわかっているとはいえ、教師同士の人間関係が劣悪である実態が明るみに出てしまったのです。

ここ数年、ただでさえ教員志望者が減り、教員採用試験の倍率が、「教師の質」を一定レベル以上に保つために必要とされてきた「3倍」を割る事態が常態化していました。若手の教員の「質」に対する懸念が大きくなっていたのです。そこに、今回のニュースによって「こんな劣悪な職場環境で働くのはイヤだ！」と、教師を志望する若者がさらに減っていけば、10年後、20年後の「日本の学校教員の質」は確実に「劣化」していかざるを得ません。これは、日本の「学校」そのものの「質」の「劣化」に直結する危機的事態です。

そもそも、若者の「教師離れ」はなぜ起こっているのでしょうか。

近年、教師と言えば「業務が多い」「部活動の指導で休日がない」「保護者からのクレーム対応で神経をすり減らす」など、ブラックな仕事であると周知されるようになりました。イメージだけではなく、実際に小学校教師の1週間の平均勤務時間は57時間29分（平成28年度調査）で、全体の3割が「過労死ライン」を超えています。教師の悩み相談を専門の一つとするカウンセラーである私の目にも、教師の仕事が精神的にも肉体的にも過酷な仕事であることは明らかです。

その結果、教師志望者が激減し、教員採用試験の倍率が急低下しているのです。

文部科学省の調べでは、２０１８年度、公立小学校（全国）の教員試験倍率は２・

8倍と、過去最低となったことが明らかになりました。2000年度の倍率は12・5倍だったので、この18年間で4分の1程度に落ち込んだことになります。都道府県ごとに見ると、佐賀県の倍率が1・6倍、福岡県が1・3倍、新潟県が1・2倍と、著しく倍率の低い自治体も少なくありません。

前述した通り、学校関係者の間では、以前から「教員採用試験の倍率が3倍を割ると教員の『質』の確保が難しくなる」と言われており、これを前提とするならば、すでに「危険水域」に達しています。

この20年ほどで、教師が置かれた環境はガラリと変わりました。

私は、90年代後半から20年以上にわたって、全国の学校を多数訪問し、「現場教師の作戦参謀」（スクール・コンサルタント）として活動してきました。そして、年々、「教師という仕事が、格段に困難な仕事になりつつある」――との思いを強めていきました。

つきあってみて思うのは、多くの教師は、とってもいいハートの持ち主だということです。人間として、「質」がよいのです。そんな彼ら彼女らがギリギリまで追い込まれ、苦しい日々を何とかしのいでいる姿を見てきました。

先生方の悩みをお聴きするうちに、私は教師を「非難したり攻撃したりすること」によってではなく、教師を「支え、勇気づけること」によって学校を変える道を模索したいと思うようになりました。

そこで、1999年から20年以上にわたり、「教師を支える会」という「サポート・グループ」を毎月開催し続けてきました（開催日等については、明治大学「心理臨床センター」ホームページを御覧下さい）。

「サポート・グループ」とは、特定の悩みを持つ人たちを対象に行われる小グループのことです（当事者が主催する「ヘルプ・セルフ・グループ」と異なるのは、主催者が専門家である点です）。このグループの中で、参加者は自らが抱えている問題を語り、仲間や専門家の助言を受けながら、解決の道を探っていきます。

私がこのように教師を支える必要性を感じているのは、それだけ精神的に追い詰められている先生が多いからです。

「弱音を吐いてもいいですよ」

「ひとりで抱え込まないほうがいいですよ」

思わず、そう呼びかけずにはいられない小中高の学校の先生方とたくさんお会いしてきました。

また、一人一人の教師が個々の力を十分に発揮し、それぞれが力をひとつに合わせればものすごいパワーとなる場面も何度も見てきました。先生方に「本来の力」を発揮してほしいと切に願います。

本書は、長年「教師の悩み相談」を専門とするカウンセラーとして活動してきた私が、多くの先生方が抱えている問題や悩みを紹介し、同時にどう対処すればよいのか、具体的な策をお伝えしていきます。

「このまま教師を続けていてもよいのだろうか？」

「子どもや保護者とうまくやっていく自信がない」

「私のことをわかってくれる人はひとりもいない」

「もう教師を辞めるしかない」

そんなふうに、追い詰められている先生方にとってきっと役立つヒントがあるはずです。

教師の仕事は、やってもやってもキリがないため、達成感が得にくく、無力感に苛まれることがとても多い仕事です。

しかし一方で、教師は大きなやりがいのある素晴らしい仕事です。子どもの一生に大きな影響を与える仕事です。

ある意味では、教師ほど、我を忘れて取り組むに値する大切な仕事はありません。

そして、そんな教師が一丸となってチームとして子どもにかかわるとき、私のようなスクールカウンセラー一人の存在などふっとんでしまうような、大きなパワーを発揮するのです。

若手の先生方からベテランの先生まで、疲れ切った毎日の中でも、道を切り拓(ひら)いていく糸口を見つけられるように本書を作りました。ぜひ、多くの先生方にお読みいただければ幸いです。

また本書は、先生方だけではなく、お子さんを学校に通わせている親御さんにも役立つはずです。本書を通して教師の仕事について理解を深めることで、保護者として、教師や学校にどうかかわっていけばいいかわかるからです。教師を理解し、先生方をバックアップすることを通して、学校が子どもたちの成長にとってよりよいものになるように、保護者の力を発揮していただきたいのです。

教師の方にとっては、「元気が出て、やる気が出てくる本」「悩みの解決策が見つかる本」。

教師志望者の方にとっては、「ますます教師になりたくなる本」。

保護者の方、学校や教師に関心を寄せる方が読めば、「教師を応援したくなる本」「教師のミカタ」になりたくなる本。

——そんな本になるように本書を構成しました。子どもたちの教育を担う先生方を社会全体が応援する一助となれば幸いです。

本書の作製にご助力いただいた佐藤有利子さん、担当の内田克弥さんに感謝申し上げます。

教師の悩み　目次

目次

はじめに　3

第1章　先生、つらくないですか？……23

1　教師の心が疲れ切っている　24

追い詰められる教師たち　24
なぜ教師はうつ状態に陥りやすいのか　27
教師の心が疲れる4つの要因――「時給679円」の実態　29
若い女性教師にとって学校はストレスの温床　34
心の「黄色信号」が点滅したら　36
うつかもしれない……と思ったら　39
うつになるのは悪いことではない　41

うつを恐れない　43
うつを受け入れる職場に
——職場の人間関係がよくなれば「教師のうつ」の7割は治る！　44
「支え合える職員室」をつくる　46
「うつは教師の勲章」——校長の言葉に救われた教師　48
すぐキレる「問題教師」とうつ病の微妙な関係　51

2　子どもを好きだと思えなくなって……　53
「子どもが嫌い」は、教師失格ですか？　53
自分の「イラショナル・ビリーフ」を見つめる　55

3　先生、助けを求めてもいいですよ　60
必要なのは「助けを求める力」　60
誰に助けを求めるか　61

「同じ悩みを持っている人」は必ずいる　62
弱音を吐くこと、助けを求めることは、教師として必要な「能力」である　64

4　教師全員がチームとして力を発揮できる学校に　66
自分の力を発揮できないもどかしさ　66
「仕事のできない教師」はいない　68
ひとりひとりの教師が自分の力を発揮するには？　70
ほかの先生に仕事を頼むコツ　72

5　教師も「自分」や「私生活」を大切にしていい　74
家庭と仕事の狭間で　74
「強すぎる使命感」で家庭が犠牲に　76
「部活未亡人」「部活孤児」を生まないために　78
教師もワークライフバランスを　80

もし「教師同士の夫婦」に子どもが生まれたら　81
「教師脳」を解除する　84
一日、一回叫んでストレス発散を　85
研修会でエネルギー・チャージせよ　87

第2章　今どきの子ども、理解できますか?……91

1　子どもを理解する　92
欲しがらない子どもたち　92
スマホで人間関係に苦しんでいる　96

2　傷つくのを恐れる子どもたち　99
人を傷つけるのも、人から傷つけられるのもひどく恐れる　99
「仲間は大切」という呪縛　101
「言うべきことを言う勇気」が子どもの心を軽くする　104

「アサーション」を育てるのはまず大人から　105

3　子どもをやる気にする指導、やる気を奪う指導　107

「ほめる」「叱る」よりも「勇気づける」　107
厳しすぎる指導が「指導死」を招く　108
「厳しい指導」がしづらくなってきた　112
通知表は子どもを伸ばす材料である　115

4　子どもと馴れ合ってしまっていませんか？　117

「心のふれあい重視型」か「ルール重視型」か　117
増えている「なれ合いタイプ」　118
クラスがざわつき始めたら、どうすればいい？　121
保護者の反応が気になって子どもを叱れない　125

5 「自分をコントロールできずに、かんしゃくを起こす子」が増えている 128
かんしゃくを起こしたら止まらない子 128
「心の安全基地」を得られない子どもたち 129
親の「プチ虐待」で苦しむ子ども 131

6 「裏切られても、裏切られても、見捨てない」のが、教師 134
「裏切られても見捨てない大人」が子どもを救う! 134
裏切られても、裏切られても、見捨てない 137
「少数派」の子どもの味方になれるのが、本物の教師 139

第3章 先生と先生、どう付き合う? …… 145

1 教師間のいじめ・恋愛 146
職員室の中で起きているいじめ 146
「教師の若年化」が人間関係をこじれさせている 149

教師間の恋愛のトラブル　151

2　ベテラン教師が若手との溝を埋めるには　154
若手とどう接していいかわからない　154
「新型うつ」の若手が理解できない　158
「さとり世代」にはベテランから歩み寄る　159

3　若手教師が知っておきたいベテランとの接し方　162
「わからない」と素直に頼る　162
管理職へのタイプ別相談法　164

4　管理職との関係に悩んだとき　165
「頼れる管理職がいない」と感じたら　165
校長とうまくいかない　167

それは本当にパワハラ？ 169
パワハラを受けたらどうする？ 171

5 管理職に必要なこと 173
「人間関係のプロ」であれ 173
若手教師の自尊感情に配慮する 175
ベテランが若手とわかり合うための研修を 177
若手教員の研修は、まずは形から入るもよし 180
「ゆるめ」と「引っ張り」で組織をつくる 183

第4章 保護者は味方ですか？

第4章 保護者は味方ですか？……185

1 「保護者は苦手だ」と感じたら 186
若手教師は「保護者は苦手」で当たり前 186
保護者の信頼を勝ち取る4つの鉄則 188

2 「困った保護者」にはどう対応する？ 193

「困った親」7つのタイプ 193

「困った親」を生まないためのポイント 199

3 クレームが来たらどうする？ 203

「あなたのことを大切に思っています」 203

これで万全！ クレーム対応マニュアル 205

ひとりで抱え込まないで周囲に相談する 212

個人情報は伝えない 214

4 子育てに自信のない親をどうする？ 216

子育てに自信のない親が増えている 216

「あなたならできる」の声掛けを 218

「ネグレクト」だと判断したら 219

5　年上の保護者からの信頼を得る　221

教師は若返り、保護者の年齢は上がっている　221
ポジティブな言葉と笑顔で明るいオーラを振りまく　222

6　「賢い親」の学校との「賢い付き合い方」　224

「賢い親」は、上手に学校と付き合う知恵を持っている　224
まずは担任教師を大切に　227
第一印象が肝心！「うちの担任の先生、大丈夫かな？」とならないために　231
子どもの進路について担任に相談するときのコツ　237

おわりに　242

第1章　先生、つらくないですか?

1　教師の心が疲れ切っている

追い詰められる教師たち

今、教師が追い詰められています。学校という職場の「ブラック化」に気づいた若者たちが教員離れを起こし、教員志望者が減っています。そしてそれは、いずれ、教師の質の低下につながざるをえない――。カウンセラーとして先生方の悩みを20年以上にわたって聞き続けてきた私はそんな強い危機感を抱いています。

教師は、現在、４つの理由から追い詰められています。

ひとつ目は、学校という職場の多忙化・ブラック化です。

20年前に比べると、教師の雑務は２倍に増えたと言われています。夜８時、９時頃に職員室をのぞくと、まだ多くの先生が残っている学校がザラなのです。夜10時頃まで職員室にいるのが日常的になっている先生もいます。

以前ある大手企業社員の過労死が問題になりましたが、教師にとっても決して他人事ではありません。疲労が蓄積して、精神的、身体的な健康を損なう先生が続出していることは、大きな問題です。

働き方改革と言いながら、プログラミングだの、アクティブ・ラーニングだの、道徳の教科化だのといった、さらなる仕事を加えられています。さらに、２０２０年度から学習指導要領の改訂によって、小学校３〜６年生の授業時間が増えています（年間35時間）。新しい体制を作るたびにサービス残業は増える一方で、そうこうしているうちに学校という職場が「ブラック化」していることが世間に丸見えになってしまいました。その結果として、教員志望者が激減しているのです！

例えば、２０１８年の新潟県教員採用試験は、３００人定員に対して３４０人が受験しています。おおまかに言えば、受験した３４０人のうち３００人が合格し教諭になって、落ちた40人が講師になっているのです。これでは、講師の数が絶対的に足りないだけでなく、教師の質を担保することができません。これは危機的な事態です。

教師が追い詰められている理由のふたつ目は、「学級経営、生徒指導など、子どもへの指導の困難さ」です。

指導が子どもに入りづらくなったこと、いじめ・不登校の問題の増加、学級崩壊を防ぐための対策など、教師が配慮すべきことは山積（さんせき）しています。

とりわけ私が違和感を感じているのは、「個別支援」「個々の子どものニーズに沿った支援」の必要性を説きながら、一方で、発達の問題を持つ子どもたちが苦手とするコミュニケーション力や書く力を必要とする「対話形式」「話し合い」「書く作業（ワークシート）などを盛り込んだ、「アクティブ・ラーニング」の授業が増えていることです。この矛盾する「正論」、矛盾するニーズの間で、教師はますます追いつめられているのです。

教師が追い詰められている理由の3つ目は、「保護者対応の難しさ」です。

保護者からのクレームが増え、保護者との接し方にはこまめな配慮が必要なものとなってきています。

そして、4つ目は、「同僚や管理職との人間関係の難しさ」です。

どんな仕事においても、離職の大きな理由のひとつは、職場での人間関係です。学校の人間関係も同様です。校内でその先生を支える雰囲気があれば踏みとどまれるけれども、そうでなければ精神的に参ってしまうということもあるのです。

なぜ教師はうつ状態に陥りやすいのか

文部科学省の調査によると、精神疾患で休職となった公立学校の教師は毎年ほぼ5000人。①増加する一方の雑務、②難しさを増す学級経営と③保護者対応、④複雑化する職場の人間関係という「教師を取り巻く四重苦」の中で勤務を続けた結果です。

しかも調査結果にあらわれている数字は、「休職にまで追い込まれてしまった人のみの数」です。なんらかの精神的な不調を感じながらも勤務を続けている先生方はこれよりはるかに多いのです。

そもそも教師という職業は、その性質上、燃え尽きやすく、うつになりやすい職業です。人間が相手の仕事で、努力の成果が目に見える形ではなかなか表れにくい。達成感が得にくい。相手のためを思って頑張っているのに、相手からはごく当然のことと受け取られてしまう。エスカレートした要求を突きつけられることすら珍しくない。こういった中で、あるとき突然大きな脱力感を覚えて「バーンアウト（燃え尽き）」状態に陥ってしまうのです。

もともと、教師を志す人間の性格特徴としては、根がまじめで几帳面、完璧主義、責任感が強い、他人に気を遣う傾向が強い……といったところがあります。これらは、うつ状態に陥りやすい人の性格特徴でもあります。

しかし、それが教師自身を追いつめます。まじめで責任感が強いので、「仕事がつらいのは自分の努力が足りないからだ」、「もっともっと頑張らなければならない」と、自分を追い込んでしまいがちなのです。

教師の心が疲れる4つの要因――「時給697円」の実態――

先生方の心はなぜこれほど疲れきっているのでしょうか。
その要因は先にあげた4つです。

①多忙化・ブラック化
②学級経営、子どもへの対応の困難さ
③保護者対応の難しさ
④同僚や管理職との人間関係の難しさ

この4つのそれぞれについて、精神面の不調を引き起こすという観点からもう少し詳しく見ていきましょう。

①多忙化・ブラック化

「教師の多忙化」にかかわる要因として、報告書等のさまざまな書類の量が増えていることがあげられます。特に教頭（副校長）の作成する書類の量は、この20年の間で倍以上には確実に増えたと言われます。

以前は暗黙の了解として、多くの先生方が仕事を家に持ち帰っていましたが、現在ではデータの流出の問題を避けるためにUSBを外に持ち出すのが難しくなり、学校に残って仕事を続ける教師がとても多いのが実情です。

ある調査によれば、教師にストレス要因を問う質問に対して、「仕事の量の問題」をあげる割合が、一般企業と比べて教師は約2倍にのぼることがわかりました。

仕事の質以前に、単純に「仕事の絶対量」が圧倒的に多いのです。

教師の勤務時間について、２０１６年の調査で「過労死ライン」とされる「時間外労働が月に80時間超え」が小学校で3割、中学校で6割に上ることがわかっています。

そんな中、文部科学省は「変形労働時間制」（教員でいえば、忙しい時期の勤務時間を延長する代わりに、夏休みなどにまとまった休みをとる制度)を提案していますが、これは焼け石に水。教師の労働の「総量」を減らさなくてはまったく解決策になりません。

そもそも多くの教師は夏休み中もほとんど休みなく、研修などに追われているのが実情です。ほかのOECD加盟国と比較しても、日本の教師の労働時間は長く、OECD平均と比べて年間200時間以上長く働いていることになります。教師の残業時間は月に95時間を超えており、この10年で14時間増えています(「朝日新聞デジタル」より)。

しかもそんな中、公立小学校教員の給与を財務省が1・7パーセント削減しました。「図表で見る教育2013」(OECD)によると、日本の公立小学校の教員の初任給は実質「時給679円!」になるというのです。これはあまりにブラックな数字です(TEACHERS)。これでは教員志望者が激減するのも無理のない話です。

小中学校の教師の一日の平均勤務時間は11時間を超えています。小中学校とも週の労働時間が50時間未満の教員はほとんど存在せず、小学校で約73パーセント、中学校で約87パーセントが60時間以上も働いているという実態があります。

教員のストレスの最大の原因は、やはり、「仕事の総量の多さ」にあるのです。これだけ労働時間が長いと過労死のリスクも当然高まってしまいます。

それに加えて、周知のように教師はいくら頑張って仕事をしても残業代が出ません。

教員の給与を定めた給与特別措置法、通称給特法（1972年施行）に、「教育職員については、時間外勤務手当及び休日勤務手当は、支給しない」と定められています。厳密に言えば、「教職調整額」というものが加味されているのですが、これは一般公務員の残業代の3パーセント程度。どれだけ残業しても、一定額のわずかな教職調整額が支払われるだけです。これではやりがいをそがれても仕方がないでしょう。

②学級経営、子どもへの対応の困難さ

近年、発達の偏りがある子ども、傷つきやすい子どもや、かんしゃくを起こしやすい子どもが急増しています。これまでと同じ指導は通用しなくなっているのです。
個々の子どもへの対応ばかりでなく、学級集団への対応も困難化しています。

③保護者対応の難しさ

「学級経営、子どもへの対応の困難さ」と「保護者対応の難しさ」は、分かちがたい問題です。傷つきやすい子どもたちは、教師の叱責に敏感で、「あの先生が怖い」と保護者に伝えます。すると、それが保護者からのクレームにつながるのです。

「傷つきやすい子ども」の背景には、「傷つきやすい保護者」が存在しています。その傷つきやすさは、激しい攻撃性を持つクレームへ転化して、教師を追い詰めていくのです。

④同僚や管理職との人間関係の難しさ

とりわけ、「管理職との関係の難しさ」には、「教師の仕事全般に世間から向けられるまなざしが格段に厳しくなってきている」ことが関連します。どの職場もそうですが、管理職は人事考課をしなければいけなくなりました。また、部下を評価する管理職自身も委員会から厳しく評価されます。そのため、ミスを犯した部下を、管理職が擁護することが難しくなっているのです。

教師の「自己管理」「自己責任」がより強く求められるようになり、教師同士の支え合う関係づくりが困難になってきました。職場が働きやすい環境かどうかは、人間関係が大きく左右します。教師同士の間で支え合える関係づくりができるかどうかが、教師の働き心地の鍵を握っているのです。

若い女性教師にとって学校はストレスの温床

女性教師は男性教師よりもさらに多くのストレスを抱える傾向があります。

高ストレス状態なのは小学校教師全体の74・4パーセント、中学校教師全体の68・

7パーセントであるのに対して、女性教師は77・0パーセントです。

年代別では20代がもっとも高ストレス者の割合が高く、年代が高くなるほど割合は低くなり、50代がもっとも低いと言われています。

職場への不適応については、心身にさまざまな症状がその兆候として出現していますす。例えば「疲れやすい」と自覚している教師は7割以上、憂鬱(ゆううつ)な気分やイライラ感を自覚している教師は約4割、不安感や不眠を覚えている教師も2割弱ほどいます。

では、なぜ20代の女性教師はこれほど多くのストレスを抱えるのか。まだ経験が浅く自信がなかったり、学級経営や生徒指導、保護者対応で多くの神経をすり減らしているということもあると思います。

また、あまりにも多くの時間とエネルギーを仕事で費やされるために、「私生活に振り向ける時間がほとんどない」ということが、若い女性教師にとってストレスの原因となっています。

20代といえばまだまだプライベートを充実させたい年頃です。しかし大学時代の友達と遊びたいと思っても激務を抱えているために、自分だけ行けないことも少なくありません。デートもままならず、「忙しすぎるから」という理由で、学生時代の恋人から別れを切り出されてしまう教師も少なくありません。さまざまなストレスが溜まっているのです。

セクハラやパワハラに近いようなことで起こるストレスもあります。若手の女性教師は中高年男性からのハラスメントに苦しめられるケースもしばしば。早く帰宅しようとすると「デートですか？」などど無神経に問いただされるなど、私生活を詮索されることもストレスとなります。小学校の女性教師であれば、やんちゃな高学年の男の子から体に触られることなどでイライラが溜まる場合もあります。若い女性にとって学校という職場はストレスの温床なのです。

心の「黄色信号」が点滅したら

心が疲れ切って、うつ状態に陥っていくと、さまざまな「注意信号」が現れます。眠りが浅くなり、睡眠不足の状態が続きます。そのためなかなか疲れがとれず、目覚めたあとも脳の酸素が不足しています。その結果、気分が重く、何かをしようとしてもやる気がわかない、意欲がわかない、といった兆候が見られるようになります。集中力が低下し、ものごとの決断ができなくなったり、物忘れがひどくなったりもします。

このような精神状態が日中いっぱい続きますが、夕方近くになると脳の血流も回復してくるため、徐々に元気になってきます。このため、周囲からは「単に仕事をする意欲がないだけではないか」といった誤解を招くこともあります。こうした「黄色信号」が出てきたら、まずはリラックスして、十分な睡眠時間を確保しましょう。

日頃から、睡眠時間が4~5時間だという先生は多く、中には毎日3時間程度しか寝ていない方もいます。けれども、教師というハードワークが睡眠時間3~4時間で務まるはずがありません。教師は、肉体も頭脳もフルに使わないとやっていけない仕事です。本来ならば、睡眠時間は7時間ほど確保したいものです。睡眠時間が5時間を切ると、人は本来の力が発揮できなくなってしまいます。

睡眠時間の確保の邪魔となるのが、「キリがいいところまでは仕事をする」という発想です。

先ほども申し上げた通り、教師にはまじめな方、責任感の強い方が多く、持ち帰った仕事が一段落つくまで深夜になっても仕事をしてしまいがちです。翌日以降の仕事でかかわる人たちのためにも、「就寝の時間」を最初に決めておいて、その時間になったら強制的に仕事をシャットダウンしましょう。

併せて、食事で栄養を十分に摂ることも留意すべきです。

職員室に夜遅くまで残って、カップラーメンひとつで過ごしている先生を見かけることがあります。当然のことながら、人間は体を動かすパワーは食べ物から補給します。自分のコンディションを整えるために、食事にもそれなりのお金と時間を使いましょう。

自律神経を整えることも大切です。忙しい先生方におすすめなのは、短時間で何の準備もしなくてもできる呼吸法を取り入れることです。

自律神経は、ゆっくりと吐く息によって整えられます。これを「完全呼吸」と言います。まず、①鼻から3つ数えながら吸って、②口をすぼめて、③できるだけゆーっくりと口から吐き切ります。できるだけ長い時間をかけて吐き切りましょう。これを1分間ほど続けるだけで、自律神経が整い、気持ちが穏やかになります。

忙しい仕事の中で、コンディションを崩してしまうか、なんとか踏みとどまるかは、先生方本人の心がけも重要です。

うつかもしれない……と思ったら

心が疲れ切ってしまい「自分は、心が病んでいるかもしれない」「うつかもしれない」……そんなふうに感じた場合には、何はともあれ、専門医の診断を受けてください。とりわけ、①熟睡できない、②気分がひどく落ち込む、のふたつの状態が2週間以上続いている場合はすぐに病院へ行きましょう。もしうつ病であれば、少しでも早く治療を開始することが重要です。

受診する病院には、心療内科や精神神経科（メンタルヘルス科）などが考えられます。養護教諭やスクールカウンセラーに相談すれば、評判のよいクリニックを紹介してもらえると思います。

うつ病というとすぐに「休職」「退職」を連想してしまうかもしれませんが、早く治療を始めれば、「休養を十分に取ること」「お薬をしっかり飲むこと」で、勤務を続けながら3か月程度の通院治療で回復していく方も少なくありません。そのためにも、早めに治療を開始することが重要なのです。

うつ病の薬の種類や量の決定は、慣れた医師でも非常に難しいものです。薬が合わないと感じたら、すぐに医師に相談してください。医師に自分の状態をこまめにフィードバックすることによって、医師は最適な薬とその量を見極めやすくなるからです。

優れた医師であればあるほど、患者の話に丁寧に耳を傾け、こまめに薬の微調整をしていきます。ダメな医師ほど患者の話をあまり聞かず、「とにかくこちらの指示に従ってください」と高圧的な態度を取りがちです。

うつになるのは悪いことではない

ここで理解していただきたいのは、「うつ病になるということ自体は、決して悪いことではない」ということです。

うつ病を、一生治らない心の病だと思っている方もいるようですが、それは大間違いです。うつは、精神病ではありません。気分障害といわれるものです。「心が風邪をひいた状態」とよく言われますが、私は「心の肉離れ」と考えるのが、もっともふさわしいと考えています。

うつを心が「肉離れ」を起こしているととらえると、無理に動かず、じっと休むことの大切さがわかりやすいからです。実際に「肉離れ」を起こした時にそれでも無理して動いてしまうと、さらに状態はひどくなってしまうでしょう。うつも同様です。しかし、必要な治療を受けて休養をとり、万全な体調を取り戻したら職場に復帰することはできるものです。

うつ病から立ち直り、心の健康を取り戻し、再び教育の現場で活躍している先生方はたくさんいます。

心を病む人が増えているということは知識としては知っていても、「自分もそうなるリスクがある」と自覚を持つことができている人は多くはありません。「自分は大丈夫」という思い込みを捨てましょう。「そもそも教師は、うつ病になりやすい職業なんだ」という自覚を持って、日頃から自分のメンタルヘルスをチェックするようにしてください。

うつを恐れない

大切なのは、「うつ病になったら大変だ」「うつ病になったら教師を続けられない」という「うつを恐れる姿勢」から、「この厳しい時代に、一度や二度はうつになるのが当たり前」と「うつを恐れない姿勢」へ転換することです。
「うつ病になっても大丈夫なんだ」という柔軟性を持つことです。

小学校の担任をしていたある先生は、心身ともに疲れ切って考えた末に、「大学院修学休業制度」を利用しました。そして、職場から遠く離れた他県にある大学院へ入学されたのです。これはなかなかの妙案です！　もちろん、この制度は大学院で新しい教育技術や知見を学ぶためのもので、メンタルが落ちた先生のためのものではありません。しかし結果的に環境を変えることでメンタルヘルスの改善にもなる上に、教師としてのスキルアップにもつながったのです。この先生は、休職期間中に資格もふたつ取得しています。ひとつは教育カウンセラーなど復職後の「教育実践に役立つ資格」。もうひとつは、万が一退職しなければならなくなったときの「転職に役立つ資格」です。

もちろん、だれもが使える方法ではありませんが、例えば「こんな抜け道もあるのだ」と思うだけでも、気持ちが楽になる方もおられるのではないでしょうか。

うつを受け入れる職場に——職場の人間関係がよくなれば、「教師のうつ」の7割は治る！

残念なことに、現在でもうつ病に関する偏見が教育現場にないとはいえません。これは人権問題につながるゆゆしき問題です。子どもたちに人権の大切さを教える教育現場で、このような差別が許されるはずがありません。早急に改善していく必要があるでしょう。

また最近は、うつ病についても、生理学的要因以上に、文化、社会的要因が重要視されるようになってきました。私の経験でも「教師のうつ」の原因の7割は職場の人間関係です。うつの「改善」も職場の人間関係が7割です。実際、職場の人間関係がよくなることで治っていく「教師のうつ」は少なくないのです。

私は、先生方がうつになっても、それを安心してオープンにできる職場にしていかなくてはと思います。日頃から、「なんでも打ち明けられる職場」にしていく必要があるのです。

休職して治療が必要な場合には、管理職への相談が必要になります。職場の人間関係に問題がなく、特に校長先生や教頭先生との信頼関係がうまく築けている場合には、率直に相談をしてみるべきでしょう。

ところが、残念ながら信頼関係が築けていない場合もあります。そんなときには、校長先生や教頭先生とも話の通じる先生に間に入ってもらうとよいでしょう。その先生にワンクッションになってもらうことで、結果的に話し合いがうまくいくことが多いのです。

管理職や教務主任などの、職場のキーマンとなる先生方と関係性を構築していくことが、自分を守ることにもつながるのです。

「支え合える職員室」をつくる

大切なのは、「教師同士の支え合える関係づくり」です。

子どもとの関係や保護者との関係によって生み出された悩みがあったとしても、それだけで休職や退職に追い込まれるケースは多くありません。退職や休職に追い込まれる直接のきっかけとなるのは、多くの場合、同僚や管理職との関係性の悪化や、それによる教師集団からの孤立です。

大切なのは、「職員室」そのものの場づくりです。「お互いにお互いを支え合う職員室」をつくることです。

鍵を握っているのは、やはり、管理職です。管理職が変われば、職場の雰囲気はガラリと変わります。私が出会った校長先生や教頭先生の中にも、意識的にそうした雰囲気づくりに努めている方がいました。

ある教頭先生は、かつてクラス担任だったとき、学級崩壊を経験していました。保護者会で「辞めろ！ 辞めろ！」とコールを浴びせられ、うつ病になり、メンタルクリニックへ通った経験があったのです。そんな経験から、この先生は言います。

「私は多少クラスが荒れても、クラス担任を責めようとは思いません。今はこれだけ大変なのですから。先生方には、『苦しみを抱え込まずに支え合っていきましょう』と口をすっぱくして言ってるんです」と語っていました。

自らつらい経験をしたからこそ、管理職になった今、担任教師が助けを求めやすい雰囲気づくりに努めているのです。

また、ある小学校の校長はこう語っていました。

「うちの学校では、研究指定校になるとか、コンクールの入賞などという高い目標は持ちません。今は、これだけ難しい時代です。うちの学校が目指すのは、『ひとりの教師も、退職、休職、精神疾患に追い込まれない学校』です」

学級崩壊を起こしそうな危機的状況になっても、その問題をみんなで共有できる。そうした学校でこそ、教師は安心して働くことができるのです。

「うつは、教師の勲章」――校長の言葉に救われた教師

ある先生は受け持っているクラスが荒れに荒れました。子どもたちにひどく反抗され、人格否定のような言葉を浴びせられ続けることで、メンタルヘルスがかなり悪化してしまいました。うつ状態になってしまい、夜も眠れず睡眠障害になってしまったのです。

自身の心のエネルギーが低下していくのを感じたこの先生は、近くのメンタルクリニックに通いました。抗うつ剤と睡眠導入剤を処方してもらったのです。

しかしながらある保護者会でひどく糾弾されたことをきっかけに、心がガクンと折れてしまいました。「もう無理だ」としばらく休職することを決意したのです。

そして校長先生に相談しに行ったのです。

「実は私、今、うつ病になっていまして、この薬を飲みながら……これ、抗うつ剤と言うんですけど……これを飲みながらなんとか仕事を続けていたんですけど……もう限界です。しばらく休職させていただきたいと思って……」

このように言う先生に対して、校長先生はこうおっしゃったそうです。

「君は、その薬、飲みながらなんとか続けてくれていたんだね。ありがとうね……。僕もね、実はこの薬、飲みながらなんとか続けてたんだけど……」

実は校長先生自身もうつ病の傾向があり、メンタルクリニックで抗うつ剤と睡眠導入剤をもらいながらなんとか勤務し続けていたのです。

そしてこう言ったというのです。

「親もしっちゃかめっちゃか、子どももしっちゃかめっちゃかなこの時代、まじめに一生懸命教師をしていたら一度や二度はうつ病になるのが当たり前。うつになるのは、手を抜いていない証拠。うつは教師の勲章だよ、君……」

この「教師にとって、うつは勲章だよ」という言葉が、うつ病になった先生の大きな心の支えになりました。それ以来学校をほとんど休むことなく通い続けることができたのです。

投薬治療だけでなんとか山を越えた先生は、その数年後、別の研修会でお会いしたときには校長になっていました。そして言うのです。

「20年、30年と教師人生を続けていると二度や三度、もう教師を辞めたいと思うのが当たり前です。そのとき教師を辞めることになってしまうのか、それとも辞めずになんとか続けることができるのか。その大きな分かれ目になるのは、同僚の教師との間に『支え合える関係』が職員室にあるかどうかですね。

『弱音を吐ける関係』が職員室にあるかどうか。この教師同士の関係が、教師人生を続けられるかどうかの命綱なんです」

すぐキレる「問題教師」とうつ病の微妙な関係

学校で生徒からも保護者からも「あの先生はちょっと問題あるよね」と言われる先生がいます。いわゆる「問題教師」です。

部活で必要以上にワーッと大きな声で威嚇する。熱心なあまり生徒を追い詰めてしまう。突然感情を爆発させてしまい、周りが対処に困る。こういったタイプの先生が時折います。

保護者からもしばしば「あの先生ちょっとおかしいんじゃないでしょうか。うちの子が困惑しています」といった心配の声が寄せられます。管理職としても対応に困るタイプの先生です。

しかしこういった、はたから見ると「なんだか感情のコントロールのきかない困った先生」への対応が難しいのは、それが実はうつ病をはじめとしたメンタルの不調の表れであることが少なくないからです。実際にメンタルクリニックへの通院歴のある先生が少なくありません。うつ病と言えば、うつうつとして落ち込んだ姿を思い浮かべる方が多いと思いますが、途端に「キレやすくなる」ことも多いのです。

保護者や生徒からのクレームを受けて、管理職がその先生にあまりに厳しく指導しすぎてしまうと、下手すると人権問題にも発展しかねません。管理職のほうがパワーハラスメントで訴えられることもあります。メンタル不調の教師をさらに追い込んでしまい、症状を悪化させてしまうことにもなりかねません。

かといって、実際に問題が生じている以上、手をこまねいて放置しておくわけにもいかない。管理職としてはこういった微妙なジレンマを抱え込まざるを得ないわけです。

当然のことながら、問題教師のすべてが背景にメンタル不調を抱えている、というわけではありません。逆にメンタル不調を抱いている教師がすべてこのような問題を起こすというわけでも、もちろんありません。むしろ多くのメンタル不調の教師はまじめで自分を責め、落ち込み塞ぎ込んでしまいます。

両者を同一視することは決してできません。管理職の見極めが問われるところです。

2　子どもを好きだと思えなくなって……

「子どもが嫌い」は、教師失格ですか？

教師になる前は「子どもが好き」だと思っていたのに、教師になって日々指導をしているうちに、「子どもを好きだと思えなくなりました」「かわいいと思えなくなりました」と言う先生は少なくありません。「むしろ子どもと接していると、イライラすることが多いんです」――そのように言う若い先生方も多いのです。大好きな子どもたちと日々かかわることが楽しみで教師になったはずなのに……。ご自身でも戸惑いを隠せません。

そして、そうした自分に気づくと、若い先生方は自分を責めます。「子どもを好きと思えない自分は教師失格なのでは」と思い始めるのです。その思考パターンは、次のような状態です。

子どもが嫌いな教師なんていていいはずがない。

↓

子どもが好きとは思えなくなったのに教師をやっている私は、おかしい。

↓

私のクラスに入った子どもたちがかわいそう。

↓

私は教師を辞めるべきではないだろうか。

では、この思考の展開は本当に正しいでしょうか。私はそうは思いません。
長い教師人生の間に、多くの教師は、何度か「子どもがかわいいと思えなくなる時期」を経験するものです。教師なのに子どもがかわいいと思えない――これは、ごく自然の現象です。親が自分の子どもをかわいいと思えなくなることがあるのも、また、自然なことです。けっして、あってはいけないことではないし、珍しいことでもありません。すぐに「自分は教師失格だ」などと思う必要はありません。

自分の「イラショナル・ビリーフ」を見つめる

「子どもが好きと思えない↓私は教師失格だ」という思考パターンに陥ってしまったら、若い先生がそこから抜け出すのはなかなか難しいようです。実際、そんな思いを抱えて教師を辞めていく方も少なくありません。

そこでぜひ試していただきたいのは、自分のものの見方や考え方を変えることにより、自分の気持ちを楽にするセルフカウンセリングの方法、「論理療法」です。

論理療法は、アルバート・エリス（Albert Ellis）というアメリカの心理学者が提唱したものです。論理療法では、「事実が人を悩ませているのではなく、事実を受け取るその人の受け取り方や、考え方が人を悩ませる」と考えます。
これを、「ＡＢＣ理論」と言います。詳しく見ていきましょう。

Ａ＝Activating Event（出来事）は、実際に起きている出来事を指します。

（例）いくら注意しても言うことをきかない子がいる。

Ｂ＝Belief（ビリーフ、信条）は、その出来事についての受け止め方を指します。

（例）・言うことをきいてくれない子どもたちと一緒にいれば、腹立たしくなるのは当然だ。
・優秀な教師ならば、子どもがかわいくて仕方がないはずだ。
・子どものことをかわいいと思えない教師は、教師をやる資格はない。

Ｃ＝Consequence（結果）は、生まれる感情を指します。

（例）「自分は教師失格だ」と落ち込む。

論理療法では、Cの落ち込みが生じるのは、Aという現実のためだと考えません。むしろ、Bのビリーフ、つまり「自分のものの受け取り方や考え方」がゆがんでいるために、Cという落ち込みが生じると捉えます。

悩みや苦しみを生じさせるゆがんだビリーフを「イラショナル・ビリーフ（非合理的な考え方）」と呼びます。このゆがみを正して、「ラショナル・ビリーフ（合理的な考え方）」へ修正していく。それが論理療法の骨子です。

「教師であるならば子どもが好きでなくてはならない」「子どもがかわいいと思えない教師は、教師失格だ」というのは典型的なイラショナル・ビリーフです。

そこで、このB（ビリーフ、信条）を書き変えてほしいのです。例えば、こんなふうに変えてみましょう。

（例）「子どもが好きでなければ、教師失格だ」（イラショナル・ビリーフ）

↓教師であれば子どものことを好きであるにこしたことはない。けれども、教師も人間なので、子どものことを好きになれないことがあって当然だ（ラショナル・ビリーフ）。


（例）「教師であれば、常に子どもを好きなはずだ」（イラショナル・ビリーフ）

↓10年、20年と教師を続けていく中で、子どもを好きになれないこともあるだろう。何十年も子どもをずっと好きでい続けられる教師のほうが少数派だ（ラショナル・ビリーフ）。


（例）「教師であれば、常に冷静でいるべきだ」（イラショナル・ビリーフ）

↓一生懸命教師をやっているからこそ、カチンとくることがあるのだ。子どもへのイライラは教師としての責任感の裏返しだ（ラショナル・ビリーフ）

このように、事実ではなく自分の受け止め方を変えるだけでずいぶんと気持ちは楽になるものです。それによって行動も変わってくるのです。

3　先生、助けを求めてもいいですよ

必要なのは「助けを求める力」

教師をとりまく状況は、ここ数年、ますます困難の一途をたどっています。

今はまさに、「教師受難の時代」です。

しかし、学級担任の先生方の中には「クラス経営の失敗をさらすのは恥だ」といった意識は根強いものがあります。そして、その恥の意識のために担任が問題を抱え込むと、事態をねじれさせてしまい、保護者との関係の悪化や不登校の長期化など、二次的、三次的な問題が生じる可能性が高いのです。

ひとりでできることには限界があります。教師の仕事には助けが必要になるものだとふまえておきましょう。

こうした状況の中で、今、教師に求められる新たな力として注目されているのが、「援助希求力」(助けを求める力)です。自分に有効な援助を与えてくれる人を探す力が、これからの教師には必要不可欠なのです。

誰に助けを求めるか

援助を希求する相手は、自分にとっての「リソース(自己資源)」と考えられます。「リソース」を探すには、①〜③の場合が考えられます。

①同僚の先生の中から探す

例えば、同じ学年の先生で親身に相談に乗ってくれる人を探しましょう。中学校であれば、学校の多くの活動は学年単位で行われます。同じ学年の教師の中に、支えてくれる人がいるのが理想的です。

②学校内で探す

管理職や教務主任、スクールカウンセラーや養護教諭など、力になってくれる人を校内で探しましょう。「今の勤務校に、何でも話せる人をひとりでも見つけておくこと」がとても重要です。

③学校外で探す

もし、勤務している職場の中で援助を求めることができる人がいなければ、かつての同僚、初任者研修のときの同期の仲間、研究会の仲間など、学校外にも広く目を向けていきましょう。

「同じ悩みを持っている人」は必ずいる

先生方の多くは「自分の悩みなんて誰もわかってくれない」と思っています。ところが、実はみんな同じような悩みを抱えていることが多いのです。

以前、ある中学校のふたりの先生から、まったく同じ悩みの相談を受けたことがあります。ふたりとも、「学校でこんな悩みを共有できる人はひとりもいない」とおっしゃっていました。あなたと同じ悩みを抱えている人は、意外とあなたの近くにいるものです。

誰かに話を聞いてもらい、アドバイスや作戦を提案してもらうだけで、ずいぶんと気持ちは楽になります。ひとりで悩みを抱えていては思いつかなかったヒントがもらえて、次なるアクションに踏み出すことができるはずです。

こうした「援助資源」(援助してくれ、力になってくれるかもしれない人たち)の中から、ひとりでもいいので「何でも言える人」「わかり合える仲間」を見つけることができた教師は、たとえ一時心を病んだとしても、回復する傾向が強いです。

「支え合える仲間」の存在こそが、不調を乗り越えながら、数十年の教師人生をまっとうしていく上で必要なものなのです。

弱音を吐くこと、助けを求めることは、教師として必要な「能力」である

助けられることが苦手な先生は「弱音を吐くこと」や「人に助けを求めること」にネガティブ・イメージを抱きすぎていることが少なくありません。人に助けを求めることは、弱い人間のすることであり、半人前の教師がすることであると考えているケースが多いのです。その結果、「自分はひとりでできるはず」「教務主任であればこれだけの仕事はこなせて当然」などと考え、ひとりで仕事を抱え込んでしまうことになりがちです。

人に助けを求めること、弱音を吐くことは、決して悪いことではありません。現状を客観的に見て、限界だと思ったときには、「できるだけ仕事をこなしたほうがよいけれど、誰にでも限界はあるものだ」という考えに切り替えてみましょう。そ

して、早急に誰かに助けを求めてください。

例えば、学年会で助けを求めるのもよいでしょう。思い切って、「私は今これだけの仕事を抱えていて、深夜まで取り組んでいますが、体力的に限界がきています。少し助けてもらえないでしょうか」と、打ち明けてみるのです。

ベテラン教師が年下の先生に助けを求めるのも、決して恥ずかしいことではありません。誰かが助けを求めることで、お互いに支え合える「学年のチーム」ができていくかもしれません。若手の先生も、追い詰められる前に助けを求めやすくなるでしょう。

「でも、自分はこの学年を引っ張っていく学年主任だし、助けを求めてよい立場ではないはず……」などという考えが浮かぶ方もいるでしょう。しかし、そうした考えは捨てましょう。むしろ、リーダーが率先して「弱音を吐ける関係」「助けを求め合える関係」を求めていってほしいのです。チーム内で「弱音を吐ける関係」「支え合える関係」をつくっていくには、まず、リーダーが自分の弱音を見せることが重要です。

4　教師全員がチームとして力を発揮できる学校に

自分の力を発揮できないもどかしさ

教師を追い込む要因のひとつに仕事量の多さがありますが、もうひとつ、教師の意欲を妨げていることがあります。それは業務負荷のバランスの悪さです。

特定の先生に多くの仕事が割り振られ、仕事のできる先生が疲れ切ってしまうことがよくあります。「なぜ私ばかり?」とストレスもどんどん溜まっていきます。

逆に、適した業務分担が与えられず、力を発揮できていない先生もいます。

こうしたことの原因はなんでしょうか?

ひとつには、「仕事はできる人にこなしてもらえばいい」という意識が職場に蔓延(まんえん)している問題です。もし特定の先生に仕事が偏っていると思うならば、学校の文化として、教員全員の力量をチームとして最大限に活用しようという感覚が薄れてきているのかもしれません。

「仕事ができる人にこなしてもらえばいいから、できない人はそっとしておこう。かえって、面倒なことになるから……」といった雰囲気が職場にあるのではないでしょうか。学校に限らず、どの職場でも起こりがちなことではありますが、これは非常にまずいことです。

仕事を大量に回された先生は、「自分だけがなんでこんなに仕事をしないといけないのか」と思いながらも、できる人なので何とか我慢してやり通そうとします。しかしそれが長く続くと、毎日多忙感を抱えながら、ストレスをためていくことになります。

一方であまり仕事を任されない先生は、毎日、不完全燃焼の状態に置かれます。

教師の中には、ひとり、努力と勉強を重ねて、実力を蓄えている先生もいます。例えば、私の分野で言えば、見えないところでひっそり教育カウンセリングを勉強している先生などもいます。人知れず努力を重ねて、実力を磨き、不登校の子どもたちに寄り添って陰で力になっているのです。

しかし、管理職や周囲の教員はそうした努力を認めておらず、相談関係の仕事は一切任されていないことも多いのです。実力にふさわしい十分な仕事を任されていないのです。これでは宝の持ち腐れです。非常にもったいないことです。

管理職が教員ひとりひとりのリソース（自己資源＝得意分野）をしっかりと把握し、それを最大限生かしていきたいものです。

「仕事のできない教師」はいない

教員同士でよく「あの人は仕事ができる」、「彼は仕事ができない」などと話をします。しかし、ここで注意してほしいのは、そのようにしてお互いをカテゴライズして、決めつけすぎないようにするということです。「仕事ができないように見える教員」

を、「何らかの理由で今はあまり力を発揮できていない教員」であると見てみましょう。

そこで問われるのが、「仕事の分担」をどう決めるか、です。仕事の分担を一番大きく左右するのは、管理職の意見でしょう。

しかし、一般に管理職は2、3年で異動し替わることが多いものです。そして、多くの校長や教頭は赴任すると、その赴任先の学校の文化に合わせようとします。校長や教頭だって学校の中で浮きたくはないのです。その結果、前の管理職の考えを踏襲することになりがちです。

だから、管理職が替わっても業務量のアンバランスさは是正されにくいのです。

管理職が先生方ひとりひとりの持ち味をしっかり理解できていないと、つい自分の頼みやすい人、仲のよい人、力量があるとわかっている人にばかりどんどん仕事を回していくことになります。「特定の人に仕事が集中しやすい」のは、そのためです。

管理職はひとりひとりの教員の能力を把握し、「適材適所」の仕事の分担をしていく必要があるのです。

ひとりひとりの教師が自分の力を発揮するには?

管理職には、ひとりひとりの教員の持ち味を生かしていくことが求められています。とはいえ、どの教師がどのような能力を持っているのかは、そう簡単にわかるものではありません。大切なのは、普段から、どの先生も自分はどういう仕事に関心があり、どういう仕事が得意で、どういう仕事が苦手なのかといったことをざっくばらんに話せる雰囲気を、職員室に醸成しておくことです。

例えば、ある学年の教師が教育相談部に所属しているとしましょう。その教師が活躍していく中で、所属校の中に自分よりも教育相談についてははるかによく勉強をしていて、知識も能力もあり、教育カウンセラーや学校心理士、臨床心理士、公認心理師といったカウンセリングの資格も取得している先生がいることに気づいたとします。

そのとき、担当者はどう考えるとよいでしょうか?

中には、「私が教育相談の担当だし、担当外の先生の話を聞くとややこしくなるから、できるだけ無視して自分で淡々とやろう」と考える方もいるでしょう。これは、リソース(学校の資源)つぶしの発想です。学校としては、せっかくの資源を活かせないことになってしまいます。

一方で、「あの先生がそんなに教育相談に詳しいなんて知らなかった! せっかくそんな先生がいるのならいろいろ相談したり、お願いしちゃおうかな」と考える先生もいるでしょう。こちらは、ひとりひとりの教師のリソース(自己資源)を活かし、学校のパワーを最大化しようとする考えです。

両者を比べると、どちらが有能な学校であるかは言うまでもありません。うまくいくのは長い目で見ると明らかに、後者です。現在の校務分掌が何であるかにかかわらず、ひとりひとりの先生方が持っているそれぞれの力を出し合っていくことで、学校全体のパワーが最大化して、よい学校となっていきます。その結果、子どもに対しても効果的な取り組みができるのです。「チーム」で支援していく結果、不登校の子どものの学校復帰率も高まっていくでしょう。

先生方は、管理職に対して、自分の得意分野や、今関心のある分野、今、力を入れて勉強していることなどについて遠慮なく話をすることが大切です。例えば、「私、最近カウンセリングの勉強をしていて教育カウンセラーの資格ももっているんですよ」といったように、自分のセールスポイントについての情報を校長や教頭にどんどん伝えていくといいでしょう。こうした働きかけにより、「学校のパワーの最大化」が進んでいくのです。

ほかの先生に仕事を頼むコツ

「ほかの先生に仕事を頼むのが苦手」という方もいます。そういう方は、例えば、ある先生に教育相談の仕事にもうちょっとかかわってほしいと思ったら、「先生、実はうちのクラスに不登校の子が出ちゃったんです。どうしたらいいでしょうか？　教育相談におくわしい先生に、知恵をお借りしたくって」などとお願いをしてはどうでしよう。

こうしたお願いの仕方ならば、頼られた先生も悪い気はしないものです。「押しつけられた」と感じる仕事の振り方をせず、「頼られた」と感じてもらえるような仕方でお願いをするのです。

こんなときに役に立つのが、アドラー心理学の「勇気づけ」です。

「あなたを信頼しているからこそ、あなたの力を借りたいのです」という信頼と期待を込めたポジティブな声掛けは、相手を不快にせず、こちらの思いを伝えることができます。「押しつける」のではなく、「信頼して、期待して、頼る」という方法で依頼するのです。

5　教師も「自分」や「私生活」を大切にしていい

家庭と仕事の狭間で

数年前に埼玉のある県立高校の教諭が、自分の子どもの入学式のために勤務校の入学式を欠席して大きな話題となったことがあります。ニュースでも取り上げられたので、覚えておられる方もいるでしょう。

埼玉県教育委員会に寄せられた１４７件の意見のうち、校長や教諭への批判が82件、教員の行動に理解を示す内容が65件と、考え方が大きく分かれていたのが特徴的です。つまり、この行動について厳しく非難する人もいたのと同時に、「この先生の気持ちはわかる」と理解を示す意見もあったのです。

この例からも教師は「自分のプライベートを投げうってでも生徒のために尽くすべ

き仕事」だと世間から期待されていることがわかります。例えば生徒から直接、「先生なんだから、勤務時間でなくても、自分のことよりも、私たちのことを大切にしてください」などと、要求されることもあるようです。教師自身も「自分の子どもと自分のクラスの子どもたちと、どちらを優先すべきか」という葛藤を絶えず突きつけられています。

では、実際の教師はどうでしょうか。プライベート優先の「でもしか」教師が多いのか、それとも、自分の生活を投げうってでも子どもたちのために尽くす「使命感に燃えた」教師が多いのか。私はカウンセリングや心理学の研究会で教育相談にかかわっている先生方と接することが多いのですが、私の経験では、熱心な先生ほど家庭を犠牲にしてでも子どもたちのために尽くしているように思います。使命感が強く、「私は教師なのだからクラスの子どもたちのために全力を尽くすべきだ」と考えて、日々全力で取り組んでいるのです。

しかし、だからこそ、その反動で定年退職を迎え自分の子どもも成人したときに

「自分の家庭を大事にできなかった。特に子どもには申し訳ないと思っている」と振り返る先生方が少なくありません。

「強すぎる使命感」で家庭が犠牲に

先述したように私は、使命感に燃えた教師が、そのしわよせで家庭を犠牲にしてしまっていることに苦しむ姿を多く見てきました。そんな先生方の家庭に関する悩みのひとつに、自分のお子さんが不登校になったというケースがあります。

私の経験では、お子さんが不登校になる保護者の職業には、看護師などの医療関係者と、学校の教師が多いように思います。人様の子どものために尽くす仕事に燃え尽きたがゆえに、我が子に向けるエネルギーが残っておらず、家庭が犠牲になってしまうパターンです。

教師も看護師同様に対人援助の仕事で、「ここまでやれば目標が達成された」という実感を持ちにくい仕事です。自分の気力や体力の限界を超えて働き続けた結果、心身のエネルギーが枯渇してしまい、自身の心身や家族を顧みることができなくなってしまいやすいのです。

自分の妻や夫が教師であるために家庭を顧みてくれないことに不満を抱えている配偶者も少なくありません。

野球部の顧問をしていたある中学校の先生の妻の話を紹介しましょう。

この方は、なぜか息子の担任に対してひどいクレームをつけていました。担任には思いあたるふしがないので、不思議に思っていました。担任が理由をたずねると「夫と同じ野球部の顧問をしているから」だと言ったのです。「私の夫は毎日、野球部のことばかりで常に頭がいっぱいで家庭生活はないようなもの。野球部の顧問なんかと結婚したために我が家はボロボロ、実質シングルマザーです。私は教師の家庭から夫を奪う野球部の顧問という存在が大嫌いなんです」と話したそうです。

体育会系の部活動だけでなく、吹奏楽部や合唱部の顧問も非常に多忙です。練習のために「盆や正月の練習も厭わない」という先生は多いものです。こうしたケースは生徒の家庭にも家族旅行を控えるなどという形で影響を及ぼしていますが、教師のほうは10年も20年も「盆も正月もない」状態が続くのです。

自分の家庭など二の次、三の次です。そんな状態が長く続いた結果、わが子が不登校になったり、パートナーと離婚に至ったりするケースは少なくありません。

「部活未亡人」「部活孤児」を生まないために

このように、部活動の顧問というのは教師の自己犠牲を前提として成り立ってきました。しかしながらこれがいよいよ通用しなくなってきたのです。それは当然のことです。教師にも私生活があるからです。

教師にも妻がいて、子どもがいる。そして教師の家族もかつてのように「私のお父さんは先生だから仕方ない、我慢しなきゃ」という考えに甘んじることはなくなってきました。

中学校の教師を夫に持つ家族たちがＴｗｉｔｔｅｒ上で、「自分たちは部活未亡人である」、「子どもたちは部活孤児である」といった言葉を発信しています。

ある教師は言います。

「昨年はほぼ土日もなく部活動に参加していました。私自身は小学生と保育園に通う子どもがいましたが、時には学校に連れて行き、図書室で過ごさせました。時には子どもに家で留守番をさせながら部活動に取り組んできました。夫も中学校教員です。当然土日は部活動があるので家にいません。我が家の子どもたちはこれではまるで部活孤児なのではと思ってしまいました」

こうした事態に文部科学省も大きな危機意識を抱いています。

教員のサービス残業の大元である給与特別措置法を改正すべきだ、部活動で教員の全顧問制を中断すべきだ、全生徒の強制入部を禁止にすべきだ、土日祝日の活動を禁止にすべきだ……等々の提言がなされています。これを受けて文部科学省でも、「教師の働き方改革」について中央教育審議会で議論を行っています。

解決策のひとつは、教師の部活顧問は有志だけがやるようにすることでしょう。それ以外は文部科学省が新たに提案している「部活動指導員」が担当するようにするのです。

部活は教師の本来の業務ではありません。「中学校の教師だったら部活の顧問は当然だ」という教師集団内での同調圧力をなくして、やりたい先生だけがやることにする。そんな常識が通用するようにしていくことです。

教師もワークライフバランスを

今では学校の教師といえども、もっと自分自身の私生活や家庭生活をある程度は大事にするべきだ、という考えが広まっています。これ自体は、とてもよいことだと思います。しかしながら、重要なのはワークとライフのバランスです。

職場で「ここは大切」というところで抜けられると、困ってしまうのは、どこの職場でも同じでしょう。

先ほど触れた入学式の例は高校でしたが、もしこれが小学校の入学式だったらどうでしょう。「我が子の小学校1年生の入学式で学級担任がいない」となると、保護者は大きなショックを受けるでしょう。「初日から先生に会えないなんて」「大丈夫なのかしら?」と不安を抱くのが当然だと思います。

どんな職業であっても、「ここ一番」というときに有給休暇をとるような人には、大切な仕事は任せられません。それは、学校現場でも同じです。

もし「教師同士の夫婦」に子どもが生まれたら

20年前ならばおそらく、教師が勤務校の入学式を欠席して、わが子の入学式に出てもよいという考えはありえなかったと思います。ところが、近年では「ワークライフバランス」という考え方が浸透し、仕事と家庭とどちらを優先すべきかが議論の対象となりました。先ほども触れましたが、教師であっても「働き方改革」によって私生活も大切にできるようにしていこうという動きがあるのです。特に若い教師には「私生活を大切にしたい」という志向が強く、これは尊重されるべきものと思います。

しかしながら現実には、夜10時頃まで学校に残っている先生方がまだまだ多いのです。毎年、自主公開授業をして、多くの参加者を集めている札幌のある小学校では、例えば先生に小学校2年生の子どもがいるような場合には、その先生は一度、19時に帰宅して子どもに夕食を与えた後、すぐ学校に戻り、深夜2時～3時まで学校にいて仕事をするのが通例となっているようです。もちろん翌日は朝早く出勤です。下手をすれば、「2週間で残業100時間」の世界です！

ご存知のように、教師は教師同士で結婚することが多くあります。もし、両親とも小中学校の教員という夫婦に子どもが生まれ、このような勤務状況であれば、夜、子どもたちだけで留守番をすることになります。これは児童虐待、ネグレクト（育児放棄）の域になりかねない状態です。

両親が教員だから、子どもはネグレクト（育児放棄）されてしまう――笑い話ですまされる話ではありません！　あまりにも帰宅時間が遅くなる働き方は、一刻もはやく是正すべきでしょう。

学校の職員室でも、子どもが3歳から5歳ぐらいまでは「早く帰ったほうがいいんじゃない」と気遣ってくれる同僚は多いですが、小学校に上がったくらいからそれも少なくなりがちです。しかし当然ながら小学生にとって家庭での親との心の交流はとても大切な意味を持っています。小学生が夜10時まで家でひとりぼっちでいるのは、かなりいびつな働き方といえます。

「両親共、教師の家庭だから育児放棄」などという、決して笑えない事件が起きないようにしましょう！　できれば子どもが小学生のうちは、たとえ親が教師でも少なくともどちらかが夜6時すぎには家にいてあげるようにしたいものです。

「教師脳」を解除する

心のゆとりがなくなっている先生方のカウンセリングをしていて気づくのは、「生活の全体が仕事化していてプライベートとの区切りがつけられない状態」になっているということです。休日も家で仕事をしていて脳が「教師脳」とでも言うべき状態になってしまっています。思考の柔軟性がなくなり、「教師っぽい考え方」しかできなくなってしまうのです。これは教師として、人間としての幅の狭さにもつながってしまいます。

そんな先生に「教師脳」の解除のためにおすすめしたいのが、「遊びのノルマ化」です。リフレッシュのためのスケジュールを確保しておくようにするのです。

例を挙げると、「週に1回は、映画のＤＶＤを見る」、「月に1回は、カラオケやハイキングに行く」など、自分の好きなことをリストアップし、実行するようにするのです。

まずは、自分の好きなレジャーを書き出してみましょう。そして、1~2か月に1回の割で遊びの計画、また年単位なら、年に1回の割で旅行の予定などを、スケジュール表に前もって書き込んでおくのです。

まじめな先生方は遊びの計画を立ててノルマ化するとほぼ仕事のように「必ず実行しなければいけない」「実行できない自分はダメだ」などと考えてしまうところがあります。それがかえってストレスとなる場合もあります。遊びはあくまで遊び。あくまで、「柔軟に」「適当に」遊びと休息を楽しみましょう。

一日一回、叫んでストレス発散を

ある先生は、校長との信頼関係が壊れたことをきっかけにメンタルヘルスに不調をきたしました。

毎日帰宅途中にある川に向かって叫んでいたそうです。

「校長の馬鹿野郎ー‼」

私はこの話をお聞きして「いいですね。毎日、続けてくださいね」とお伝えしました。その習慣は先生のメンタルヘルスにとって、とても良い効果をもたらしているように思われたからです。

しかし残念ながら、その後川で叫び続けることができなくなってしまいました。ある日同じように川で叫んでいると警察官に職務質問をされてしまったのです。そこで私がこの先生にアドバイスしたのは、「ひとりカラオケに行くこと」です。ひとりカラオケに行って30分コースで「シャウト系（絶叫系）の曲」を5、6曲熱唱する。そして、どうしても開いてしまう曲と曲の合間に「馬鹿野郎！」と叫ぶ。このことでこの先生はなんとか、自分の精神状態を保つことができました。

自分の心の叫びを抑え続けるとパンクしてしまいます。「一日一回は叫ぶ！」を日課とされてはどうでしょうか。さまざまなことを溜めこみがちな教師の場合、「叫ぶ」というのは教師のメンタルヘルスにとって意外と大きな効果を持つようです。

研修会でエネルギー・チャージせよ

「特に趣味がない」という先生方におすすめなのは、さまざまな研修会に参加することです。

若い先生方は板書の仕方をはじめ、学校経営の仕方、生徒指導の仕方など、基本的な教育技術を体得するのに精一杯のはずです。「あれもやらなきゃ、これもしなきゃ」といっぱいいっぱいの状態になりがちです。そんな先生方は、いっそ「研究会を趣味にしてしまう」というのはいかがでしょうか。

最先端の研修に参加すると、授業の面白さに改めて気づくきっかけになるかもしれません。特に、民間主催の研修会には自腹で参加する意欲的な先生方がたくさん参加しています。お互いに刺激を与え合い、思いをわかち合うことは、興味や関心を広げるチャンスになります。やる気のある「仲間とのつながり」「向上心のある教師仲間とのつながり」がさらに自分の意識を高めてくれるのです。

元気な先生とそうでない先生を見ていると、一番の違いは「お互いを高めあう仲間」がいるかどうかです。

仲間を見つけるためには、民間主催の休日の研修会に参加するのが一番です。同じ思いを持って参加している人とは、気が合うことが多いはずです。気が合う仲間なので、夜の飲み会でも語り合い、盛り上がれますし、その後も関係が継続しやすいのです。私も研修会でそうした先生方が意気投合している場面に遭遇すると、仲間の存在が先生方のモチベーションを支える大きな力になるのだなと感じます。

では、どのような研修会に参加するといいのか。研修会を選ぶ秘訣は、「子どものため、授業のため」と意気込むのではなく、「自分の楽しめそうなもの」にするのがよいと思います。

教員は、校内にいる時間が長いので、普段はどうしても同じ学校の先生方との付き合いだけになってしまいがちです。ですから教員以外の保育士、看護師、カウンセラー、コーチなど「人の心」にかかわる人が多く参加する研修会がお勧めです。

例えば私が主宰している「気づきと学びの心理学研究会」（https://morotomi.net/awareness）では、年に7回、週末に自分についての気づきを得られ、自己成長と幸福につながる研修会を実施しています。教師、医師、看護師、コーチ、キャリア・コンサルタント、カウンセラーなど、多くの「人の心」にかかわる方々が参加しています。さまざまなエクササイズを通して、自分自身を深く見つめ、深く語り合い、聴き合う体験を通して、多くの先生方が生きる喜びを再発見しています。

今まで出会わなかった職種の人たちに会うと、非日常的な刺激を受けることができます。

研修の最大の収穫は「出会い」です。「行こうかな、やめておこうかな、どうしようかな」と迷ったら、とりあえず「イエス！」。

フットワークよく行動できる人が、人生を豊かにできるのです。

第2章　今どきの子どもも、理解できますか？

1　子どもを理解する

欲しがらない子どもたち

今の子どもを理解するためのポイントは5つあります。

ひとつ目は、「リーダーシップをとれない子どもが増えてきた」ということです。友達に声を掛け、まとめていくことができないのです。私は今大学で教えているのですが、学生を見ていても、自分から声を掛けることができない子が増えています。いつまでもダラダラして、仕切る人がいません。

ふたつ目は、「自分から人間関係を築けない子どもが増えてきた」こと。待ちの姿勢で、人から声を掛けられるのを待っている状態の子が多い。ひとつ目のリーダーシップが集団に対するかかわり方であるとしたら、こちらは個別の人間関係の結び方の特徴です。

3つ目に、「我慢力がなくなってきた」ことが挙げられます。我慢力とは、専門用語では「フラストレーション・トレランス（欲求不満耐性）」といいます。嫌なことがあっても我慢することができない子どもが増えてきているのを感じます。「すぐキレる子」が増えているのです。テストの点数が悪かったら、その場で答案用紙をビリビリに破いてしまったり、「こんなはずじゃない！」と暴れだす子どももいます。つらい状況や困難な状況、気持ちの落ち込みやイライラに耐えられないのです。

4つ目は、「子どものエネルギーが低下してきている」ということです。今の子どもたちが20年前の子どもたちと何が一番違うのか。それはすぐに「疲れた」と言う子が多いことです。何かあるとすぐに「疲れた、疲れた」と口にします。

不登校の子どもたちにも「疲れてしまって、学校に行けない」と言う子が増えました。以前は、不登校の子どもは「葛藤型」が多かった。「学校に行きたいけれど、行けない」と、苦しみ葛藤している「葛藤型」の不登校が多かったものです。

今増えているのは、そもそも「学校に行かなきゃいけない」と思っているかどうかが怪しい子たちです。「○○くん、学校には行かなきゃいけないって思っているんだよね？」と問いかけても「うーん……わからない」と、こんな調子です。

学校に行けないのは学校が怖いからではなく、なんとなくエネルギー切れしていて行けないのです。学校でみんながわいわい遊んでいるエネルギーの高さについていけないのでしょう。

エネルギーの低さについて考える時、私はある中学1年生の女子生徒からの相談を思い出します。

「先生、私もうすぐ誕生日なんです。お母さんに『なんでも買ってあげるし、どこへでも連れて行ってあげる』って言われました。でも私、欲しい物は全部買ってもらっちゃってるし、行きたいところもたいてい連れて行ってもらっている。だから、特に欲しいものもないし、行きたいところもないんです。先生、何が欲しいって言ったらお母さんは喜んでくれると思いますか？」

このような「欲しがらない子どもたち」が今、増えています。すべてが満たされた環境で育ってきたから、「何かをしたい」「何かが欲しい」というエネルギーや意欲を持ちにくいのです。

物欲が低下しているだけではありません。幼い頃から両親や先生に優しくされ、承認欲求が満たされているために、「人から認められたいから頑張る」「認められたいからかっこよくなってモテたい」「認められたいから仕事や勉強を頑張る」といったエネルギーそのものが低いのです。

今の40代以上の日本人が承認欲求を満たすために仕事し、勉強し、恋人をつくろうと多大なエネルギーを費やしてきたのに対し、「最初から承認されていた」今の子どもたちは認められたいというエネルギーが低いのです。

5つ目は、「緊張場面に耐えられない子どもが増えた」ということです。

これは、ある地域の、学力があまり高くはない高校で聞いた話です。

荒れている子どもに対し教師が厳しく叱ると、昔ならば子どもは先生のほうをにらみ返してきていたものです。ところが、最近の子どもとは「目が合わない」と言うのです。

教師が厳しく叱っても、対抗してにらみを利かせてくる子どもはほとんどいない。すぐに目をそらす。教師から叱られる緊張感、目を合わせて向き合う緊張感に耐えられなくなっているのです。これは生きていく上でつきものの、困難に伴う緊張感と向き合いにくくなっているという問題をはらんでいます。

スマホで人間関係に苦しんでいる

今の子どもを理解するにあたって、スマホの問題も無視できません。

現在小学生1～2年生の21パーセント、小学校3～4年生の40パーセント、中学生の65パーセント、小学校5～6年生の45パーセント、高校生の大半がスマートフォンもしくはフィーチャーフォンを持つようになっています（NTTドコモ「モバイル社会研究所」調べ、２０１８年9月の調査）。これによりさまざまな問題が生じています。

まずスマホ依存による学力低下の問題があります。

東北大学の川島隆太教授の調査によると、スマホを１日に１時間以上扱っている子どもは、いくら勉強時間を増やしたところで成績は上がりません。さらに１日４時間以上扱っている子どもは等しく低学力のまま、という結果になっています。スマホが脳に極めて大きな影響を与えることを如実に示している調査結果と言えるでしょう。

もうひとつ大きな問題が、ＳＮＳを使うことによる友達間のトラブルです。

私はいくつかの自治体でいじめ対策委員などを経験してきました。その中で必ず議題になるのはスマホ問題です。

特にＬＩＮＥは大きな問題をはらんでいます。不登校になる子どもたちの相談を受けていると、半数以上がＬＩＮＥがらみ。「ＬＩＮＥで○○と書かれたから……」といったように、ＬＩＮＥで自分のことを書かれたことが気になり始めて、それがきっかけで不登校になる子どもが少なくありません。

「3分ルール」というのがあるのをご存知でしょうか。3分以内に返信をしなければ無視をしたと見なされて仲間外しにされる。そんなルールが存在するのです。

女子中学生の少なからずがお風呂にも寝室にもスマホを持っていく。食事中もちらほらとスマホを見る。そんな事態が生じているのはそのためです。

かつては子どもたちが人間関係で悩むのは学校にいる間だけでした。けれども今は学校から帰宅しても窮屈な友達関係から解放されるわけではない。365日24時間友達関係に気を遣っていなくてはなりません。

子どもたちの心の安心安全ということから言うと、また学力面を考えても、可能であれば高校卒業まではＬＩＮＥはさせないというのが無難な方法ではあります。

けれども「それでは友達関係を維持できない」と子どもに言われると、ついつい許してしまう親心も理解できます。

2　傷つくのを恐れる子どもたち

人を傷つけるのも、人から傷つけられるのもひどく恐れる

大学のある授業の中で、学生たちに「最近自分の人生で、悩んでいること」などを書いてもらうことがあります。そして、次の授業で、いくつか大切なトピックを取り上げて、私の考えをコメントしていくのです。即席の公開人生相談のような雰囲気です。

学生たちの書いたコメントを読んで気づかされることがあります。

ある女子学生は、こんなコメントを書いてきました。

「私は、中学生の時、とても大切な友達がいました。けれど、あるときどうしても『それは間違っている』、『許せない』と思ったことがあったので、思い切って注意し

たんです。すると、それ以来、なんとなくその子との関係にヒビが入ってしまい、ほとんど口もきかなくなってしまいました。私にとってそれはとてもショックな出来事でした。そしてそれ以来、友達に自分が本当に思っていることを言うのがとても怖くなってしまいました。こんなことを言ったら相手が傷つくのではないか、そればかり考えてしまうようになったのです。そして結局、自分が本当に言いたいことは言わないまま、やり過ごしてしまうんです。『私は本当の友達がいると言えるのだろうか』と考えてしまいます。けれどやっぱり、友達を失うのは怖い。ひとりになるのは怖いので、友達とぶつからず、無難に過ごすことを優先させてしまうんです」

こうした体験や思いを抱えている子は、決して珍しくないでしょう。

友達関係の中で人を傷つけること、人から傷つけられることをひどく恐れて、言いたいこと、言うべきことを言えなくなってしまっているのです。

「仲間は大切」という呪縛

私たち大人としては、この女子学生のような言葉を聞くと「そんなんじゃ、本当の友達とはいえないよ」などと考えてしまいがちです。

けれどもこれは、当事者である子どもたちからすれば、しょせん他人事だから言えること。本人にとっては、友達を傷つけないこと、友達との間に調和的な関係を保つことは、「この世で一番大切なこと」のひとつなのです。

高校生を対象に行った、「イキイキ度」を測る調査があります。

これは、高校生たちがイキイキするために必要なものは何かを調べるための調査です。私は最初、学業成績がかなり影響するのではないかと思っていました。勉強ができ、授業がわかる子が学校でもイキイキしているのではないか、と思ったのです。しかし意外なことに、成績は高校生たちのイキイキ度にあまり影響を与えていませんでした。

では、何が影響したかというと、決定的だったのが「心許せる友達がいるかどうか」です。

「心許せる友達」がいれば、学校も楽しいし、自分の将来も明るいと思える。逆に、「心許せる友達」がいない高校生は、学校もエンジョイしていないし、自分の将来を明るく思い描けないという結果が出たのです。

今の若者たちは、私たちが思春期だった時代よりもはるかに仲間との人間関係に気を遣っています。

今の子どもたちの集団の基本単位は3～4人です。

「クラスのみんなが仲間」だなんて、もう誰も思ってはいません。同じクラスの中に「名前を知らない人」がいるのは、ごく当たり前。8割以上の子がそうでしょう。

むしろ、今の中学・高校の学級は満員電車と同じような状態。一緒にいるけれど、いないことにして感覚を遮断しているのです。

したがって、3～4人の「仲間」だけが自分の所属集団で、その外の集団とつながっていない。これが特徴です。

また、彼ら彼女らの集団意識は「世間」からも切り離されています。

今の若者たちには、「世間の目」というものをほとんど気にしない傾向があります。つまり、自分と仲のよい「仲間」からどう思われるかは一大事なのだけれど、「知らない人」=「世間」からどう思われるかは、まったく気にしないのです。

こんなふうに学級からも世間からも切り離されている今の若者たちにとっては、文字通り「仲間がすべて」。だから、「自分は仲間からどう思われているか」「自分は仲間を傷つけていないか」にものすごく敏感に気を遣います。仲間から排除されるということは、思春期の若者にとって、「自分の住む宇宙のすべて」を失うことを意味するくらい重い出来事なのです。

若者たちにとっては、「仲間からどう思われるか」ということが、世の中で最大かつ唯一の呪縛となっています。学校で友達と一緒に過ごす日々は、プレッシャーの中で過ごしているということなのです。

「言うべきことを言う勇気」が子どもの心を軽くする

ここで問題として指摘したいのが、「仲間からどう思われるか」というプレッシャー（ピア・プレッシャー＝同調圧力）をはねのける力が、ほとんどの子どもたちに育っていない、ということです。

私たちカウンセラーの間では、これを「アサーティヴネス」と言います。「相手を傷つけないようにしつつ、でも自分の言うべきことは言う力」です。今の子どもたちには「相手を傷つけないような仕方で、ノーを言う力」が育っていないのです。いじめ、不登校、非行、暴力などの子どもたちの心の問題の背景には、仲間からの「ピア・プレッシャー」があります。

相手を傷つけずにノーを言う力が育てば、例えばもし万引きに誘われても、「ごめん。オレ、お前らのこと好きだけど、万引きはできない。ごめん。お前らのことホントに大事だと思ってる。これからも大事にしたいと思ってるんだ。でも万引きはオレのやり方とちょっと違うから、ごめんな」と返せる。

すると、かえって一目置かれるぐらいになるでしょう。

「アサーション」ができると、思春期のいろいろな問題がかなり穏やかになっていくだろうと私は思います。

「アサーション」を育てるのはまず大人から

しかし、考えてみれば、この「言うべきことを言う」ことは、私たち日本人が根本的に苦手なことです。大人たちも周囲との調和を第一に考えてきた結果、他人の主張を優先してしまうことが多いのです。

先日も、電車の中でこんな場面に遭遇しました。

ある高校生が大きな声で携帯電話で話をしていたのですが、誰も注意をしませんでした。そして、ずっと我慢し続けた末にある中年男性がいきなりその高校生の携帯電話を取り上げて怒鳴りつけ、その結果、大声で言い争いが始まってしまったのです。

もちろんマナーを守れない高校生にも非はありますが、中年男性にしても、もう少し違った注意の仕方があったと思います。電車の中に、「すみません、もう少し小さな声で話してもらえませんか」などと、穏やかに注意できる大人がひとりでもいれば、こんなことにはならなかったはずです。

まず私たち大人がこんな場面で、相手を傷つけないような優しい言い方で、それでも「言うべきことはきちんと言う態度」を身につけましょう。そうした大人の姿を見ることで、子どもたちにもアサーティヴネスが育(はぐく)まれていくのです。

3　子どもをやる気にする指導、やる気を奪う指導

「ほめる」「叱る」よりも「勇気づける」

子どもへのかかわりについて、よく「上手にほめるコツ、叱るコツ」について話してほしい、書いてほしい、といった依頼を受けることがあります。

しかし、そもそも、「ほめる・叱る」という考え方そのものが「上から目線」に立ち、それを前提にしたものです。

今の子どもたちは、ほめられても叱られても「結局、先生は上から目線なんだよ」と感じてしまいがちです。

人間は、「上から目線」を感じたときには、心は動かされません。けれども、「○○くんは運動会ですごく頑張ったね。力を出し切ったのを見て、先生感動したよ」と言

われると、子どもは喜びます。

「○○くん、最近、力を出し切っていないよね。先生はちょっとがっかりしてるんだ。もっとできると思うんだよね」と言うと、子どもは大人の期待に応えようと思って頑張るものです。

こうしたかかわりを「勇気づけ」と言います。アドラー心理学の基本技法です。ほめる・叱ることももちろん大切ですけが、子どもの目線に立って「ともに喜んだり、悲しんだりする」、「勇気づける」ことが、子どものモチベーションを高めるのです。

厳しすぎる指導が「指導死」を招く

厳しすぎる指導をする先生の問題で、苦しんでいる子どももいます。

先日もスクールカウンセラーをしている私の元にある小学校4年生の女の子の保護

者から、こんな相談がありました。

「担任の先生が、とても強く指導するんです。『どうしてそんなこともできないのだ』と強く迫ってきます。あの先生が担任を続けていくのだったら、うちの子はもう学校に行かないでしょう」

こうした教師の指導の仕方により、この子の成績は落ち込んでしまったといいます。こうなると、保護者の口から教育委員会と掛け合って、この教師を処分してもらうという話も出てきます。見方によれば、モンスターペアレント（モンペ）だとも言えるかもしれません。

しかしながら、必ずしも保護者が理不尽な要求をしているとは言えません。実際に、教師の厳しすぎる指導の影響で子どもが長期に及ぶ不登校になったり、時には自死を選ぶことさえあったりします。「強すぎる指導」を放置すべきではないのです。

福井県の中学校で２０１７年の３月に2年生の男子生徒が自殺しました。これは宿題の提出や生徒会活動の準備の遅れを何度も強く叱られた末のことであったといいます。担任と副担任の先生は、叱責一辺倒でまったく励ますことはありませんでした。逃げ場を失った生徒が自尊心を傷つけられ、無力感に苛まれた末に自殺という道を選んでしまったのです。

対人緊張が強くて人前で何かするのに耐えられない子どもに対し、それでも音楽の先生がクラス全員の前で歌わせたり、体育の先生が跳び箱をさせたりして、みなの失笑を買うことが今でもよくあります。その結果、「恥をかいた」と思った生徒が学校に行くのがイヤになり、不登校になるのもよくあるケースです。

子どもを追いつめる指導は今も当たり前のように行われています。子どもを追いつめる教育がよいのだという古い価値観をもった先生が今もいるのです。

また、後述するように、今はほとんどの教師はやさしくなり、「厳しい指導」はほぼしないようになっています。そのため、子どもたちは「厳しい指導」に対する耐性が育っておらず、その中で1人～2人の教師から突然厳しくされると、耐性がない分、ダメージが大きいのです。

とりわけ多いのは、20代の若手教師と、50代のベテラン教師による強すぎる指導です。20代の若い教師の中には、「生徒になめられてはいけない」という気持ちが強い人も少なくありません。そのために厳しすぎる指導をして力で抑え込んでしまうのです。

一方50代のベテラン教師は、昔ながらの指導に頼ろうとしてしまうところがあります。かつて自分たちが子どもの頃に受けたのと同じような、強く厳しい叱責で子どもたちを抑えておこうとするところがあります。

このような「つい強い口調で注意してしまう先生」や、「声が大きくなってしまいがちな先生」に、私がおすすめしているのは、先ほど紹介したアドラー心理学の「勇気づけ」をはじめとしたカウンセリングの技法を身につけることです。

「君にはこういういいところがあると思うんだ」
「君はきっとできると思うんだ」
「あなたに期待しているよ」

このような温かい言葉掛け（勇気づけ）によって子どもたちの意欲を引き出していく。教師ひとりひとりが、そうした指導法を身につけることが重要なのです。

「厳しい指導」がしづらくなってきた

私の本音を言うと、中学校などではそれなりに厳しい指導をしても良いと思うこともあります。なぜならば今は小学校から大学卒業まで、どの学校、どの段階の先生も優しいからです。誰も子どもに厳しく接することがありません。

その結果、一度も大人から厳しくされることなく、そのまま大人になって就職し、子どもたちが最初の大きな壁にぶつかり、上司から厳しく接せられるのは新卒入社時、ということがままあるからです。

その結果やる気を失った若手社員が、「新型うつ」となって休職・退職するというケースがあとを絶ちません。

「最初の壁」がいきなり職場で、学校ではこれまで誰も厳しく接してくれなかった、というのは、子どもたちにとって、あまりに過酷です。例えるなら、練習試合もなしにいきなり本戦に出場させられるようなものです。今その瞬間だけではなく、子どもたちの人生を長い目で見てあげる必要があります。

教育というのは「社会に出る準備」のためにあるという側面があります。そう考えると、中学校などでは多少厳しい指導をしてもらうことも、長い人生において意味のあることだろうと思うわけです。

しかしながら今は、中学校の教師もなかなか厳しい指導ができません。なぜならば周囲に優しい大人しかいない中で、中学校の教師だけが厳しい指導を行うと、そのことに傷ついた子どもが不登校になったり、やる気を失ったりして親に文句を言うからです。そして子どもたちの不平を聞いた親が学校にクレームをつけるということが日常茶飯時だからです。

この20年間で日本の学校に起きた変化で、実質的に最大の変化だと私が思うことは、

「中学校の教師が生徒に厳しく接しなくなった」ということだと思います。このことによって子どもたちは学校生活全体を通して厳しい指導を受ける機会がほぼなくなってしまったわけです。

親からすぐクレームがくる今の風潮の中、それでも子どもたちのことを指導していくことは大変に難しいことです。今の時代の教師は、カウンセリングのさまざまな技法を習得し、それに基づいた指導をしていかなくてはならないと言っていいでしょう。

これは子どもにおもねるということではありません。子どもの自己決定・自己選択を原則として、子どもたち自身が目標設定をして自分で頑張って成長していく。そのプロセスをサポートしていくのが教師による指導です。

教師が厳しい指導で無理やり言うことを聞かせる指導はもはや通用しない時代になりました。子どもたちひとりひとりに着目し、自己決定・自己選択を促していく。そんな個に応じたカウンセリングをベースにした指導が必要とされているのです。

通知表は子どもを伸ばす材料である

同様の考え方は、通知表についてもあてはまります。よい評価とは、「評価されることによって、より成長しようと思えるような評価」(形成的評価)だからです。「よくできる」「できる」「もう少し」などの表現からもわかるように、通知表では、子どもが読んで「成長したい」「頑張ろう」と思えるような「子どもの意欲を引き出す通知表」となることを目指しています。

反対に、子どもが「ほかの子よりもできないんだ」「算数なんて大嫌いだ」と落ち込んで、やる気を失ってしまうことになる評価はまずい評価です。しかし保護者も、通知表に「もう少し」があると子どもを叱ってしまうところがあります。

そこで教師は、「もう少し」=「まだまだ変わっていけるところ」を、子どもと保護者に伝えていくことが重要です。通知表のコメントで子どもの様子を丁寧に書いている先生方もいらっしゃるでしょう。通知表は、「教師が子どもをきちんと見ていることを保護者に伝えるツール」でもあるのです。

保護者の方も、通知表を受け取ってすぐ「よくないね」などと言わないようにしましょう。たとえ関心がないように見えても、一番ショックを受けているのは子ども自身です。保護者が叱るとすでに傷ついているところに追い打ちをかけることになり、子どもの自己否定感を強め、やる気を奪ってしまうだけです。

自分なりに努力して勉強していたのだけれど結果がいまいちなときもあります。そういうときに子どもを叱ってしまうと、「どうせ自分はやってもダメなんだ」「努力しても無駄なんだ」と思い込み、無気力にさせてしまいます。これを心理学では「学習性無力感」と言います。

「きっと伸びるから頑張ろう」と励まし、勇気づけ続けるのが教師と親の役目です。どんなときも、信頼と期待をかけ続けてほしいと思います。

4 子どもと馴れ合ってしまっていませんか?

「心のふれあい重視型」か「ルール重視型」か

私のところには、「子どもになめられてしまって、学級経営や生徒指導に混乱をきたしている」という相談がよくあります。こうした相談は、5年目ぐらいまでの若い教師からされることがとても多いのです。

子どもとの関係は、教師によって大きくふたつのタイプに分けられます。「心のふれあい(リレーション)重視型」の先生と、「ルール重視型」の先生です。「ルール重視型」の先生は、規律や規範を重んじ、学級でビシッと指導をします。うまくいけば、基本的には収まりやすい。でも、子どもたちの中に、「楽しくないな」「抑えこまれているな」という感じがあったり、話し合いをしても盛り上がらず妙に静かな学級になっていったりすることがあります。秩序は保たれているけれど、活気がない学級になってしまっているのです。

一方、「心のふれあい（リレーション）重視型」の先生は、教師と子どもたちとのふれあいと、子ども同士のふれあいを大事にします。

先生は、学校を子どもにとって楽しい場所にしたい、クラスを温かい雰囲気にしたいと思っています。そのため、きつく叱ったり、うるさく注意したりするのを抑えがちです。特に若い教師でなめられてしまうのは、ふれあい重視型の先生に多いのです。

増えている「なれ合いタイプ」

「ルール」と「リレーション」の有無で学級の状態を見ていくのは、ＱＵテスト（早稲田大学の河村茂雄教授考案の学級経営テスト）で採用されている考え方です。

ＱＵテストに基づく考えでは、学級担任の指導のタイプは次の４つに分類されています。

①子ども一人ひとりとのふれあいを大切にしながらも、向きにルールを守らせる指導

これがもっとも望ましい指導です。子どもは自分の個性を認められた上で、前向きにルールを守ることを求められていると感じます。「先生は私のことをわかってくれている」と感じられているからこそ、教師のリクエストに応えていこうとするのです。

②子どもを厳しく管理しようとする指導

子どもたちに厳しく接し、ルールを守ることを強く求める指導です。学級に秩序をつくることを何よりも優先しようとします。子どもたちの側に立ってみれば、「自分たちは抑えられている」「気持ちを認めてもらえない」と不満が募りがちになります。

③和気あいあいとしているけれど、なれ合っている指導

このタイプの指導をする先生が増えていると言われています。友達のようにフレンドリーに話をする。けれども、ビシッとルールを守らせることが今ひとつ苦手で、子どもたちとなれ合っているところがあります。

④ルールが守れないうえに、温かみもない指導

子どもたちひとりひとりにとってみれば「先生は自分のことをわかってくれない」「ふれあおうとしてくれない」という不満があります。同時に、教師と生徒の間に秩序が確立されておらず、ルールも守られていません。

4つのタイプの中で、かつて中学校では②の管理型の指導をする先生が圧倒的に多かったのです。しかし、昨今は③のなれ合いタイプの先生が急増しています。6~7割くらいの先生が③タイプの先生なのではないでしょうか。

クラスがざわつき始めたら、どうすればいい?

ふれあい重視型の先生の陥りがちな欠点として、「子どもに嫌われたくない」という気持ちがあります。

以前、若手教師の悩み相談の座談会を開きました。クラスが荒れた経験をお持ちの先生がたくさんいて、私は「原因はなんだと思いますか?」と聞いてみました。すると「一番のきっかけは教育実習でいい思いをしすぎたこと」という声がありました。

教育実習で「先生、先生」と子どもたちが寄ってくると楽しくて、子どもたちに好かれる喜びを感じます。それで、教師になる決心をする学生も少なくありません。

でも実際に教師になり、担任を持ってみると、そんなに甘くはありません。

子どもたちも教育実習生には飽きがこないけれど、毎日顔を合わせる担任だとすぐに飽きてしまいます。ゴールデンウィーク明けぐらいからクラスがざわつき始めることもよくあることです。まず、ここで何とか頑張りたいものです。

では、具体的に、どのようにすればいいか。

ポイントのひとつ目は、クラスがざわざわし始めたら、「その都度すぐに止める」ことです。

「この先生は、授業中にしゃべっても大丈夫。許してくれそうだな」と思われるとどんどんざわざわは大きくなります。気がついたらあっちでもざわざわ、こっちでもざわざわと私語の同時多発状態になりがちです。

そうならないためには、小さなざわざわをその都度、「はい、静かに」と止めることです。しかし、子どもたちに「うるさい先生だな」と思われるのが怖くてなかなかそれができない先生も多いのです。

担任を持つということは、「子どもに嫌われる覚悟をする」ことです。人気者でいたいという甘い気持ちを捨てて、クラスにルールを定着させることが必要です。そのためには、子どもたちの私語を「小まめに止める」必要があるのです。

ふたつ目は、「先生をあだ名で呼ばせない」ことです。

ふれあい重視の先生は、子どもたちと友達のような関係になりたいと考えます。それでつい、タメ語やあだ名で自分を呼ばせることを許してしまいがちです。しかしあだ名は、そのままなし崩し的にとことんなめられてしまう要因になります。

先生も子どもをあだ名で呼ばず、必ず「さん」付けで呼ぶことです。子どもと一定の距離を保つことが可能になります。

3つ目は、「人を傷つけるもの言いを許さない」こと。

「ウザい」「キモい」「くさい」は、小学校5・6年生から中学校2年生くらいまでの女子生徒がよく使う言葉です。

思春期の子どもは、自分の親と近い年齢の教師に対して自分の親に抱いている否定的な感情を抱いてしまいがちです。自分の父親を「ウザい」と思ったら、同世代の男性教師も「ウザい」となるわけです。

「ウザい」「キモい」「くさい」といった、人を傷つける言葉が行き交っているのを目の当たりにしたら、ビシッと止める必要があります。教師がこうした言葉の使用を知っていながら、流してしまってはいけません。

「ちょっと待ってください。人の心を傷つける言葉です」と、その都度注意する必要があります。ウザい、キモい、くさいなんて言葉を使うのは人権問題です。教師の目の前でこのような言葉が飛び交っていることが、すでになめられている証拠ですので、それを容認してはなりません。

4つ目は、「カーッとなって取り乱さない」ことです。

若手の教師は、ルールを重視し、子どもに必要以上に厳しくなってしまいがちです。厳しくなりすぎてしまうのは、なめられるのがイヤだからです。しかしながら、いきすぎた厳しさは子どもたちの反発を買うだけです。

子どもたちから反発されると頭に血がのぼってしまう先生がいます。「何を言ってるの！」と教師が逆上するのを見るのは、子どもにとって「楽しい遊び」です。「あの先生、ちょっとからかったらすげー興奮しちゃってさぁ。もっとやっちゃおうぜ」と、エスカレートしていきます。

つまり、挑発に乗ってしまうと、さらになめられてしまうのです。

ふーっと一呼吸おいて、冷静さを取り戻し、低い落ち着いた声で話しかけましょう。

できれば、からかった子どもの目を見て注意しましょう。

子どものペースに乗るのではなく、自分のペースにもっていくことが大切です。

保護者の反応が気になって子どもを叱れない

保護者にどう思われるか気になりすぎて、自分らしい指導ができなくなってしまう先生方も少なくありません。

昨今では、厳しい指導をされると、子どもが「あの先生は怖い」「もう学校に行きたくない」と感じて、不登校になることがよくあります。打たれ弱いのです。

そして、そういう事態になると「先生の指導が間違っていたから、うちの子が学校に行けなくなったんです」と、保護者から激しいクレームを浴びせられることになります。そのために、学校現場では厳しい指導ができなくなりつつあるのです。

最近の保護者には、「先生がそんなことを言ったの⁉ それはおかしい‼」と、子どもの言い分を真に受けて、教師にクレームをつけてくる方も少なくありません。そのため、「本来は厳しく指導するべきだな」と、心のどこかで思いながらも叱ることができない先生が増えているのです。

ところが、保護者からのクレームを恐れて、本来叱るべきところを叱らないままに時間が過ぎてしまうと、ますます指導が届きにくくなります。その結果、学級が無秩序になり、学級崩壊に陥ってしまうこともあります。

これでは事態はますます悪化するばかりです。先生は、自分に対する自信を失ってしまいがちです。

教師であれば「ここは叱るときだ」「この生徒の行動をこのままにしておいてはいけない」と判断した場合には、生徒を厳しく叱ることも辞さない姿勢を身につけることが必要です。

前述したような、子どもの自尊心を損なう「厳しすぎる指導」とは違います。大事なのは、子どもを心から思った「勇気づけ」による前向きな指導を行うことです。「君ならできるはずだ」という信頼と期待の声掛けを続けることです。

5 「自分をコントロールできずに、かんしゃくを起こす子」が増えている

かんしゃくを起こしたら止まらない子

このところ急激に増えているのが、幼稚園、保育園から小学校低学年・中学年ぐらいに見られる、かんしゃくを起こしたら止まらない子どもたちです。

びっくりしたのが、ある小学校の新1年生の学級には、幼稚園や保育園からの申し送りで、「この子は問題があります」と指摘された子が30人中10人もいたというのです。

一般に上の学校への「申し送り」には、「その子が偏見を持たれないように」「最初から問題児だと思われないように」とよい面に偏って書く先生が多いものですが、そんな中でこれだけの人数の子どもたちに問題が指摘されたのです。

郵便はがき

お手数ですが
切手を
お貼りください

150-8482

東京都渋谷区恵比寿4-4-9
えびす大黒ビル
ワニブックス 書籍編集部

お買い求めいただいた本のタイトル

本書をお買い上げいただきまして、誠にありがとうございます。
本アンケートにお答えいただけたら幸いです。
ご返信いただいた方の中から、
抽選で毎月5名様に図書カード（1000円分）をプレゼントします。

ご住所 〒

TEL（ - - ）

（ふりがな）
お名前

ご職業

年齢 歳

性別 男・女

いただいたご感想を、新聞広告などに匿名で
使用してもよろしいですか？ （はい・いいえ）

※ご記入いただいた「個人情報」は、許可なく他の目的で使用することはありません。
※いただいたご感想は、一部内容を改変させていただく可能性があります。

●この本をどこでお知りになりましたか?(複数回答可)

1. 書店で実物を見て　　2. 知人にすすめられて
3. テレビで観た(番組名:　　)
4. ラジオで聴いた(番組名:　　)
5. 新聞・雑誌の書評や記事(紙・誌名:　　)
6. インターネットで(具体的に:　　)
7. 新聞広告(　　新聞)　　8. その他(　　)

●購入された動機は何ですか?(複数回答可)

1. タイトルにひかれた　　2. テーマに興味をもった
3. 装丁・デザインにひかれた　　4. 広告や書評にひかれた
5. その他(　　)

●この本で特に良かったページはありますか?

[　　]

●最近気になる人や話題はありますか?

[　　]

●この本についてのご意見・ご感想をお書きください。

[　　]

以上となります。ご協力ありがとうございました。

「心の安全基地」を得られない子どもたち

なぜ、就学前から「問題児」と見られるような、かんしゃくを起こすと止まらない子どもがこれほどまでに増えたのでしょうか?

ある小児科医は、スマートフォンの普及にその原因があると考えました。

保護者がスマホに夢中になり、赤ちゃんを放置する。赤ちゃんは保護者の顔を見ているのに、目が合うこともかまってもらえることもありません。ほんの一瞬のことかもしれませんが、それが継続すると、深刻な問題となります。結果的には、ネグレクト（育児放棄）のような状態になっているとすら言えます。

実際、スマホが普及してから、乳幼児が母親のほうを向いても無視され、アイコンタクトが成り立たないことが増えていると指摘されています。私はこの現象を「スマホネグレクト」と呼んでいます。

赤ちゃんは保護者のほほえみが欲しくて、まなざしをふり向けます。にもかかわらず、保護者からの視線が返ってこず、保護者がスマホに夢中になったままでいると、0歳から3歳頃のときにもっとも必要な安心感と、情緒的な応答性が得らません。「心の安全基地」を得ることができずに、保護者との心の絆（アタッチメント）がつくられないままになってしまうのです。

心の一番重要な土台の部分がつくられないまま育っていくことが、気持ちのコントロールができない、かんしゃくを起こしたら止まらない子どもが増える一因になっているのではないかと指摘されているのです。

その背景にあるのは、①保護者がスマホに気を取られ、ＬＩＮＥの返信などにかまけて子どもに応答しない（子どもからすると無視されている）。②ママ友とのＬＩＮＥのやりとりや、ゲームを赤ちゃんの泣き声で邪魔されるとイライラして、どなりつけ、叱りとばす。③そうかと思うと、自分の都合のよいときには、急にニコニコとあやし始める。そういったムラのある不安定な子育てです。一貫性を欠いた育てられ方をした子は、情緒が不安定になってしまいます。

例えば、電車の中などで「なんで静かにしないの！」などと怒り始めたら止まらないお母さんを見かけることはないでしょうか。周りからすると、「うるさいのは子どもじゃない、あなただ！」と言いたくなるほどキリキリと金切り声を上げて、子どもを叱っています。日本は子育てに対してすごく冷淡な面があり、子どもがうるさいと、すぐに周囲から「なんで静かにさせないんだ！」という目で見られます。その中で、お母さんはプレッシャーを感じてしまい、必要以上に子どもを怒鳴りつけてしまうのです。

親の「プチ虐待」で苦しむ子ども

親がスマホに依存し、子どもを無視しているかと思ったら、過剰に叱責する……こうした子育ては、「プチ虐待」とも言えるものです。

「プチ虐待」により、幼少期に必要な心の安全を得られないまま育つ子がいます。絶えず親にビクビクして育つのです。

そうして育った子は、特有の人生のパターンを身につけるようになります。心の中で「私は幸せになるのに値しない人間だ。愛される価値がない人間だ」といった物語をつくってしまい、そのパターンに沿った生き方しかできなくなるのです。

そうした子ども時代を過ごした大人を見ていると、「幸せになれるチャンス」をみすみす逃し続けます。なぜか不幸になるように不幸になるように、あるいは、人生をダメにするようにダメにするように、ものごとを選んでいくパターンが無意識のうちに作動してしまうのです。

幸せになることに慣れていないので、自分でも気づかないうちに破滅的な人生パターンを選んでしまうのです。

実際に、ある小学校ではこんなことが起きています。

小学校1年生の女の子が運動場で遊んで手を洗いました。まだ1年生で不器用だったので、水が自分にかかったそうです。すると、その場でパニックになり担任の先生に対して、「濡れちゃったじゃない！ 今すぐ乾かしてよ！」と騒ぎ出しました。先生が「〇〇さん、向こうの部屋に行ってドライヤーで乾かそうか」と言うと、「ふざけるな、今すぐ乾かせ！」とどなってその場から動かなくなったというのです。

担任の先生はもちろん、この子だけにかまい続けることはできません。ほかの子の面倒も見ないと学級の進行がストップしてしまいます。学校現場ではこういうトラブルがしょっちゅう起きているのです。

ちょっと友達にからかわれたとか、テストで思うような点数が取れなかったなどといったことが起きるたびに、パニックになってかんしゃくを起こし、ジタバタと暴れ、自分で自分にブレーキがかけられなくなってしまう子が少なくありません。

6 「裏切られても、裏切られても、見捨てない」のが、教師

「裏切られても見捨てない大人」が子どもを救う！

こういう子どもたちは心の安全を感じられずに育ったため、他者への不信も、自分自身への不信も強いのです。

「人間なんて信じられない」という感覚があり、人を裏切ること、人との信頼をぶち壊すことに慣れっこになってしまっています。

では、こうした子どもたちに何が必要か。

やはり教師をはじめとする周囲の大人が「心の安全基地」を提供することです。

「心の安全基地」を提供するためには、３つのポイントがあります。

ひとつ目は、「チーム学校」として、連携プレーで子どもにかかわっていくことで

す。トラブルを抱えた子どもへの対応は、担任だけに任せておくのでは不可能です。担任は学級全体への指導を優先しなくてはいけないので、パニックになった子どもだけのために特別な時間の枠をつくることはできません。養護教諭や、学年のほかの先生方、スクールソーシャルワーカーやスクールカウンセラーなどがその子のために時間を割いて、「心の安全基地」を提供していくことが大切です。「チーム学校」のメンバー全員で、「こぞって、みんなで」心の安全を提供していくのです。

ふたつ目に、学校の対応として大切なのが、そうした子どもたちに「別室」を提供することです。パニックになったときと同じ教室にいるままで落ちつきを取り戻させるのは、至難の業です。「感情と場所はワンセット」です。子どものパニックを止めるには、場所を変えて心が落ち着くのを待つことがとても重要です。

別室はひとつでは足りません。パニックになって暴れている子と、おとなしい不登校の子を一緒にすると不登校の子がビクついてしまいます。別室はいくつか必要です。

3つ目に、これは根本的なことになりますが、「裏切っても、裏切っても自分のことを見捨てない大人」との出会いです。

「何度期待を裏切っても自分のことを決して見捨てない大人」との関係の中で、子どもははじめて、人生への信頼、世界への信頼を取り戻していくことができます。「私は決して見捨てられはしない」ということを、子どもたちが実感として感じることができるのです。

何度裏切られても、裏切られても、見捨てない。

そんな大人こそが、真の教育者であり、子どもに「心の安全基地」を提供することができます。私たちは教育の専門家として、覚悟を持って子どもたちに接していくことが必要なのです。

そんな先生との出会いを経験した子どもは、これからの長い人生の中で、何かすごくつらいことがあって、人生を投げ出してしまったり、諦めてしまいたくなったりしたときに、「あの先生は私のことを見捨てずにいてくれた」「きっと今も、私の幸せを願ってくれているはずだ」と思い出すことができるでしょう。それは一生続く心の支えになるのです。

裏切られても、裏切られても、見捨てない

教師に反抗し続けた子どもたちが、すっと落ち着いていく。そのケースには多くの共通点があります。

それはどんな子どもたちに対しても「信頼と期待をベースにした言葉掛け」をし続けているということです。

「お前なら、できると思うんだ」

「あなたならやれると思うんだ」

こうした信頼と期待の言葉掛けを何度も何度も繰り返し行う。このことで生徒の気持ちはじわじわと育っていきます。

前述したように、教師とは「裏切られても、裏切られても、見捨てない専門家」であるべきだというのが私の持論です。

生徒の側からしてみると、絶えず「教師のことを確かめている」わけです。多少悪いことをすることで、「それでもこの先生は本当にオレたちのことを信頼してくれているのか。本当にオレたちのことを見捨てない覚悟はできているのか」と「確かめて」いるのです。

子どもは、「教師のことを試す」ような姿勢でさまざまなことをやってきます。これは非行だけではなくて、リストカットをし続けている子どもや、摂食障害に陥っている子どもでも同じです。

何度同じ指導をしてもなかなか聞いてくれない。効果が上がらない。こういうときに、教師は、つい言ってしまいがちです。

「どうしてわからないんだ！」

「なんで先生との約束を破るんだ！」

しかしこの瞬間、子どもたちは、「私は先生から見捨てられた」と思います。「もう先生は私に期待してくれないんだ」と思うのです。

実は子どもたちの問題行動によって問われているのは、教師のほうなのです。「お前は本当に裏切られても、裏切られても、見捨てないのか」「生徒を信頼し期待し続ける覚悟はできているのか」。教師は絶えず生徒から問われています。

「少数派」の子どもの味方になれるのが、本物の教師

私が、これまで多くの先生方と出会ってリアルに感じていることのひとつ――それは、「本物の教師」と言える教師は、きまって、「少数派の子ども」の味方になっている、ということです。

不登校の子ども、発達上の問題がある子ども、いじめられている子ども、ＬＧＢＴの子ども――そんな「少数派の子ども」の味方になり、守るために全力を注いでいる

のです。

ある中学校の教師は、ほかの教師の反対に遭いながらも、不登校の子どもが安心してそこにいることのできる「別室」を用意しようとしました。ほかの教師は、「何だ、元気じゃないか。だったら教室に戻りなさい！」と、すぐに教室復帰を促します。

けれどそうされると、学校に来ること自体ができなくなってしまう子が多いのです。

すると心ない教師は言います。

「教室に入れないのなら、学校に来なくてよい」と。

これが多数派の味方につく教師です。

一方、「少数派の子ども」の味方になることのできる教師は、「たったひとりの子ども」の声を聞き、なんとかしてその子が学校の中で「安心していることができる場」をつくろうとするのです。

当時中学校3年生だった、みつはしこうたろう君という男の子も、そんな「一人の本物の教師」との出会いによって人生を変えられたひとりです。

彼は、この先生との出会いがなかったら、自分はずっと不登校だったかもしれないと言って、次のような詩を書いてくれました。

狭い教室　働き蜂の職場。
なのに空が広いのは錯覚なの？
世界が狭いかどうか曖昧。
心を亡くして忙しい。
人々が生きてる実感がない！
まあ別に慣れちゃったんだけど。
みんなが群がる世界。
いつしか生まれる現代の光と陰。
時代から反する人は今では悪者。
教室で起こる魔女狩り。

揚げ足取りの凶暴な習性。

僕もその中のひとり。小3から不登校気味。

まるで世界ぜんたいが敵だった。

けれど中学の時、魔法のような一つの出会いをした。

その先生が作る学級は穏やかで、学級の中で浮き気味な僕のことも大事にしてくれた。彼が作る空間が好きだった。

だけど魔法も解ける時が来て、僕は卒業した。

所詮季節の生まれ変わり。

いつもと同じで、僕は背が伸びただけ。弱いまんま。

だけど弱いまんま生きていく強さを教わった気がします。

世界中の子どもにこんな出逢いがありますように。

狭い教室と働き蜂の職場。

空が広いのは錯覚なの？

そんなの別に慣れちゃったんだけど。

不登校気味だったみつはし君は、たった一人の教師との「魔法のような出会い」によって、救われたのです。

たった一人の「本物の教師」との出会いは、確実に、子どもの人生を変えていく力を持っているのです。

第3章　先生と先生、どう付き合う？

1　教師間のいじめ・恋愛

職員室の中で起きているいじめ

私の専門のひとつは、学校の教師の悩みに対するカウンセリングです。小学校、中学校、高校と、これまで多くの先生方の悩みを伺ってきました。

先生方の悩みを聞いていてわかるのは、先生方の悩みの大半は「職場の人間関係によるもの」だということです。「同僚の先生との人間関係がうまくいかない」「誰にも自分の悩みを安心して話すことができない」「職場で仲間外しにあっている」ということで悩んでいる先生が実に多いのです。

そこで私が時々感じるのは、「小学校の教師は小学生同士の人間関係の悩みと同じような悩みを持つ」「中学校の教師は中学生の人間関係の悩みと同じような悩みを持つ」「高校の教師は高校生の人間関係の悩みと同じような悩みを持つ」ということです。

これは、ある小学校教師の話です。

6年生の先生たちが遠足の下見をしに行ったときのことです。6年生の先生方6人のうち、20代の教師が4人。そのうちのひとりが普段から仲間外しにあっていました。いわば、いじめのターゲットにされていたのです。

その仲間外しにあっている先生がトイレに入っている合間に、別の教師がそのいじめられている先生のコップから氷を取り出して、椅子の上に置いておいたのです。戻ってきた先生は椅子の上に座って氷があることに気づき、飛び上がってしまいました。まさに、ほとんど「小学生レベル」のいじめが教師間で行われているのです。

また、中学校の教師同士のいじめは中学生に似ており、グループの中で仲間外しをすることがしばしばあります。特定の先生をなんとなく会話から外していくのです。孤立感を深めた先生が、うつ病になり学校を休み始めることもあります。

高校の教師のいじめは恋愛がらみのことが多いようです。生徒に恋愛をしたり、同僚と恋愛をしたりすることでトラブルが生じます。ひとりの男性教師とふたりの女性教師との間で三角関係になり、いじめが生じるなど、思春期の高校生さながらの事態が起きます。生徒との恋愛が問題なのは言うまでもありません。

最悪なのは、かつてある特別支援学校で聞いた話です。新しい年度の最初の挨拶で、ある教師がこう言ったというのです。

「皆さんもご存知のように、この学校では教師同士のいじめが横行しています。今年も楽しく、いじめ合いましょう」

うつ病を患ったことのあるひとりの先生は、この言葉を聞いた瞬間にうつ状態が再発し、学校を休み始められたそうです。

これらはいずれも、神戸市須磨区で起きた教師いじめ問題よりもはるか前に行われていたことです。神戸の事件が「特別な人による特別な事例」ではないということです。職員室での教師間のいじめは（もちろん神戸の事件ほど激しいものはレアケースだとしても）日常的に行われていたものなのです。

子どもたちのいじめをなくしたいのであれば、まずは教師の中でいじめをなくすこと。これが先決です。

教師間でいじめに近いことが常時行われているような学校では、子ども同士のいじめがなくなるはずがありません。教師自身が「人間、理不尽な扱いを受けるのは当然だ」という感覚を職員室で毎日感じていると、子どもたちに深刻ないじめが起こっても、それが特別なこととは感じられなくなって、危機感を抱きにくくなってしまうのです。

「教師の若年化」が人間関係をこじれさせている

こうした問題が起こる要因のひとつに、教師集団の偏った年齢構成があげられます。

ここ10年で若い教師が急激に増えており、中には20代が7割を占めるという学校もあるようです。日本全国で30代半ばから40代の層が不足しているため、校内で若手教師が「最大勢力」になるというびつな年齢構成が出来上がっているのです。同世代の人数が多いことで、若手同士の人間関係がこじれやすくなってもいます。

例えば、若手の集団の中にボス的な存在が生まれ、そのボスに歯向かって排除されるのが怖いなどと思春期さながらの悩みを抱えている教師も少なくありません。

また昨今、子どもたちの人間関係に序列ができる「スクールカースト」という言葉が話題になっていますが、教師間にも同様の序列が生まれている学校も少なくありません。

教師間の人間関係がこじれてしまうと、自力で解決するのは難しくなってしまいます。その場合には、躊躇せずに、管理職に相談しましょう。

子どもの中で起こるいじめやいじり、仲間外しを指導すべき立場の教師がこんなことをすべきではない、とはっきり言うべきです。

また、群れの中で生きていこうとすると、「仲間に入るか」「仲間外れになるか」のどちらかしかない、と二者択一的な思考に陥りがちです。

けれども実はもうひとつ、「群れとかかわること自体をやめる」という選択肢もあります。自分は「仲間外れになった」のではなく、「孤独であることを選んだ」のだと考えましょう。集団のイヤな雰囲気に染まるぐらいならば、自分ひとりでいるほうが楽なことも多いと思います。

そして、こうした経験は、弱い立場の子どもへの理解にもつながるはずです。

教師間の恋愛のトラブル

教師という仕事の職場の大きな特徴のひとつは、同僚同士の結婚や恋愛が多いということです。ほかの職業に比べてはるかに職場結婚が多い。教師同士が夫婦というケースがとても多いのです。

これは教師の仕事の忙しさに起因するところがあると思います。学生時代の恋人と結婚しなければ、あとは初任者研修で出会った者同士で付き合ったり結婚したりするか、そうでなければ、同じ職場に勤務している教師同士で付き合ったり結婚するしかない、と多くの先生方は漏らします。「本当に出会いの場が少ないんですよね」と言うのです。

しかも教師にはなかなか魅力的な異性が多い。特に体育の教師など、かなりの確率でイケメンです。

その結果どうなるか。同じ学校の女性教師同士でひとりの男性を奪い合う、反対に男性教師同士でひとりの女性を奪い合うということがしばしば起こるわけです。

学校という職場はとても恋愛が起こりやすい場所です。

教師同士の不倫も少なくありません。もともと教師には「人間が好き」な人が多いので、人のことを好きになりやすいのです。

学級崩壊、保護者からのクレームといった悩みに加えて、このような私生活上のさまざまなトラブルも絡み合って、教師の悩みは増幅されているのが現状です。

先日もある教師の悩みをお聞きしました。教師同士で夫婦をしていたのですが、自分の妻が別の教師と不倫関係に陥った、そして不倫相手の教師と自分が新しい職場で同僚になってしまった、その人間関係のもつれが仕事上のさまざまな問題につながっている、と言うのです。

こうしたことはもちろんどの職場でも起こることですが、「人間好き」の教師にはやはり起こりやすいのだと思います。先生方の悩みをお聞きしているとしばしば漏れ聞く生々しい悩みのひとつです。

2 ベテラン教師が若手との溝を埋めるには

若手とどう接していいかわからない

ベテラン教師が「若手教師とどう接していいかわからない」と悩むケースが増えています。

職員室の中が、若手の先生とベテランとで分断されているからです。「世代間の分断」が職場で生じているのです。

ベテランの先生の悩みは大きくふたつに分かれます。

ひとつは、若手の先生の数が全体の半分以下の学校で生じる悩みです。

給食や掃除の時間など、若手教師が悩みがちな場面で、ベテラン教師は「若手をサポートしたいけれど、どうしたらよいかわからない」と言います。「向こうからは何も言ってこないし、こちらから声を掛けてしまうと、若手が『ああ、自分はダメ教員だと思われているんだ』と落ち込んでしまいそうだから言えない」と言うのです。

　このような「言いたいことが言えない雰囲気」は、なんとなく相手にも伝わるものです。

　どうしてよいかわからないベテラン教師と、「助けを求めたら低く評価されるのでは」という不安に脅えて相談できずにいる若手教師。その間の溝はどんどん深まっています。

　では、どうすればよいのでしょうか。

　まずは、ベテランの先生から声を掛けることとです。

　お茶に誘ったり、学年会の中で相談しやすい雰囲気をつくったりするのです。

　そのときに、ベテラン教師のほうから「私も○○で困っているんだけれど」と自分の困りごとを語るといいでしょう。相手が悩みを語ると、若手教師も相談しやすくなります。

こうした行動を、「援助的リーダーシップ」と言います。学年主任や学年で軸になるベテラン教師がリードしてこうした雰囲気をつくることが、「互いを支え合える職員室」をつくるのです。

もうひとつのタイプは、若手教師が教員の過半数を占めているような学校です。都市部の学校では、教員の半数以上が20代というケースも増えてきました。ある学校では、20代の教員が8割以上を占めています。学年主任が20代という学校もあるほどです。日本全国で団塊世代が一気に退職し、若手がどっと増える傾向が出ています。先ほども触れたように、教師集団の年齢構成のバランスが非常に悪くなってきているのです。

このような学校の場合、管理職は多くの場合、若い教員のほうをバックアップしようとします。大多数を占める若手を支援しなければ、と思うわけです。

ところが、そうなると50代の教員が学校の中で孤立しやすくなります。

「私たちだって頑張ってきたのに、最近入ってきた若い先生方にまるで学校を占領されたみたい。いったい何なの！」という気持ちになり、教職への意欲を失ってしまうのです。早めに退職したいと思うようになる場合さえあります。

人間はいくつになっても、自分が集団の中で必要とされていたいものです。こうした学校では、若手、ベテラン双方に生きがいを与える学校集団づくりをより意識することが大切です。

ベテランの先生方も、自ら若手との対立構造をつくらないようにしましょう。世代間の溝を埋め、対立関係を崩すことができるのはベテラン教師の役割だと認識してください。

若い先生方を、「ここよかったねー！」「あなたのクラスの子どもたちはこういうよさがあるね」とほめましょう。「ダメ出し」ではなく、「ヨイ出し」をするのです。

反発は反発を生むだけです。お互いが助け合い、支え合う「モデル」をベテラン教師の側から見せることが大事です。

「新型うつ」の若手が理解できない

今の20代〜30代前半の人は他者からの視線を非常に気にします。特に自分よりも目上の人からの評価に敏感です。

しかし、評価を気にするということは、裏を返せば「正しく自分を理解してほしい」という欲求が強いのです。だからこそ、「わかってくれていない」「自分が不当に評価されている」ことを嫌います。

これは学校だけでなく、企業に勤める若手会社員にも等しく見られる現象です。目上の人から理解してもらえない、低い評価を下されていると感じたときに、さまざまな症状が出てきます。

「新型うつ」も、そのひとつです。中高年に多い従来型のうつとは異なって、抗うつ剤が効かない、睡眠障害が少ない、朝方元気がなくて夕方になると元気が出てくる兆候が見られないなどの特徴があります。

「新型うつ」の若手教師はむしろ、朝元気がよくても、職場の中にいると元気がなくなってくる、夕方になると悲しい気持ちになってくる、という傾向があります。職場にいるだけで緊張してしまい、「なぜ、私はこのようなことしかできないのだろう」「自分には教師をする資格がないのではないか」と自分を責めてしまいます。

ところが、職場を離れると、その落ち込み状態は消えます。仕事が終わり、職員室を出てカラオケに行くと、一緒に行って楽しく歌うことができるのです。だから「仮病では?」「本当にうつ病なの?」と疑われがちです。

ベテラン教師から見て、新型うつの若手教師はなかなか理解しづらいようです。

「さとり世代」にはベテランから歩み寄る

今の30代半ば以下は、「さとり世代」と呼ばれます。特徴は、大きな欲望を抱かないことです。立派な自動車や高級レストラン、ブランド品には関心を示しません。それよりも、人間関係の中で認められること、つまり承認欲求を満たすために多大なエネルギーと時間を使います。若手教師は上の人に「わかってほしい」という要求が強いのです。

また、今の20代の先生方が子どもの頃に接していた教師や保護者は、すでに、ベテラン世代にとっての教師や保護者とはかなり違っています。それほど、厳しくはなかったのです。

つまり、今の若手教師は「大人に厳しくされた経験」自体が少ないのです。子どもの頃からものわかりのよい大人に接してきた結果、上の世代の人には「私のことをわかってほしい」「理解してほしい」という気持ちを自然と持つようになったのです。

そのため、管理職やベテラン教師が「若手は理解できない」と決めつけて心を閉ざしてしまえば、何もかもうまくいかなくなってしまいます。

若手教師が求めているのは、「わかってもらうこと」「理解してもらうこと」です。

そのために必要なスキルは傾聴です。まずは、ベテランの先生から歩み寄ってみるとよいでしょう。

若手の先生がイキイキしている学校は、同じ職場のベテランの先生から理解されている、認めてもらえていると実感しています。そうすれば、彼らは大きなパワーを発揮できるのです。

逆に職場内で認められていない、居場所がないと感じている若手の先生は、自分の力を発揮できずにいます。ベテラン教師はまずは自分より若い先生方ひとりひとりの話に耳を傾け、それぞれの先生方の頑張りを認めていくこと。ここが、スタートです。

3　若手教師が知っておきたいベテランとの接し方

「わからない」と素直に頼る

40〜50代のベテランの先生から、「若い先生とどのように付き合えばよいのかわからない」「若手は何もたずねてこない」という声をよく聞きます。その声の裏には、「もっと頼ってほしい」という本音があるように思います。

教師にはもともと、頼られるとうれしい、面倒を見るのが好き、という傾向があります。特にベテラン教師は、若い教師とかかわり、若手教師の成長に役立つことを自分の喜びと感じている方が多いようです。

若い先生はベテランの先生に向けてどんどん「援助希求」をしていくとよいでしょう。

ベテラン教師から見れば、なんでもひとりで抱え込んでしまう若手の教師よりも、「わからない」と素直に頼ってくれる若手のほうがかわいく思えるものです。

相談をすると、「仕事ができない」という烙印を押されるのではないかと不安になるかもしれませんが、そんなことはありません。「甘え上手」「頼り上手」になって先輩に相談することは、自分自身の活路を拓くだけでなく、「私を頼ってくれた」という先輩の自尊心を満たすことにもつながります。

若い先生の中には、誰にも頼らず、なんでもひとりでやってしまおうとする人がいます。しかし、教師としては経験が浅く、まだまだ半人前なところがあるものです。それが当たり前です。だから「若手」なのです。かわいげがある甘え上手な若手教師になって、先輩からいろいろなことを学ぶ姿勢を持てるとよいでしょう。

管理職へのタイプ別相談法

管理職の先生に相談をする際に、気をつけてほしいことがあります。

管理職は、大まかにふたつのタイプに分かれるので、傾向を踏まえて接することです。

ひとつは、リーダーシップを発揮し、プライドが高いタイプの管理職です。こうした人は「甘えてほしい」タイプなので、積極的に頼っていきましょう。

もうひとつは、頼られるのも相談されるのもおっくうに感じる「ことなかれ主義」的なタイプの管理職です。もし校長がこのタイプである場合、熱心に話せば話すほど、「私の仕事を増やす人だな」「この先生は仕事ができない」と思われてしまいます。その場合は、相談は極力大事なことにとどめましょう。もし話をする際には、ひとりではなく複数で行くようにしましょう。複数で相談に行くことで、重要性を認識してもらえるはずです。

4　管理職との関係に悩んだとき

「頼れる管理職がいない」と感じたら

自分の直接の上司にあたる人が変わると、働き心地は大きく変わります。頼りにしていた教務主任や、自分を理解してくれていた校長が他校へ異動になっていなくなると、途端に働きづらくなることもあります。これは、学校に限ったことではないでしょう。

しかしながら、どの学校にも等しく素晴らしいリーダーシップを発揮できる管理職がいるというわけではありません。「頼れる管理職がいない」と感じたときに取るべき行動は、ベターなチームプレーをしていくことです。

たとえ管理職がイマイチであったとしても、学校現場では山積している課題に挑み続けなくてはなりません。現在いる教師でチームをつくり、できる範囲で課題に取り組んでいかなくてはなりません。

学校の多くの仕事はひとりではできないものばかりです。

チームプレー、連携をしなくてはクリアできない課題が多いでしょう。だからこそ、「このチームならやっていけそうだ。この先生方で学校をリードしていきたい」と思える先生方に声を掛けて、チームをつくるのです。

ここで大事なのは「完璧主義」はやめることです。「完璧主義」に陥ると、いつまでも「あの校長がダメだから……」と愚痴ばかりこぼして、何も行動できなくなってしまいます。

できる範囲で対応し、少しずつ改善していくのです。

学校現場の課題を、あなたがひとりで担う必要はありませんし、リーダーがいないからといってあきらめる必要もありません。学校はあくまで「チームで動く職場だ」ということをわきまえておきましょう。

校長とうまくいかない

もし校長先生から自分の方針を否定されても、決して卑屈にならないでください。

学校の先生にはまじめな人が多いので、上の人から意見を否定されると自分自身を否定されたと考えてしまうところがあります。

校長先生に否定されたからといって、「自分はダメな教師だ」と思い込む必要はありません。「校長先生はそう思うんだ……」くらいに思っておきましょう。

そもそも、校長先生との関係は、あくまで「仕事上の人間関係」です。仕事上の人間関係とは、役割上の関係です。これはご主人との関係、友達との関係、恋人との関係のように「パーソナルな人間関係」とはまったく違います。

つまり、人間関係には「パーソナルな関係」と、「役割上の関係」の2種類があるのです。

相性が合わない校長と同じ学校で勤務する可能性は2、3割の確率であります。

「私が悪いのでもないし、校長が悪いわけでもない。ただ相性が悪いだけなのだ」と考えることが大切です。「役割上の関係」なのですから、ある程度の「割り切り」が必要です。

そうはいっても、どうしても自分の意思を伝えなくてはならない場合が出てくるかもしれません。そんなときは相手の話をよく聞き、よく理解をした上で「私はこう思っているのですが」と自分を主語にして、「メッセージ」を伝えましょう。これを「わたしメッセージ」といいます（Ｐ229参照）。

あくまで、あなたが大人になって、校長を立てながら冷静に話を進めていくことが大事です。

すると、校長もどこかで妥協点を打ち出してくるはずです。

自分の主張を100パーセント通すのでもなく、相手の主張に100パーセント従うのでもない。相手の話を聞いた上で、相手のプライドを傷つけないような話し方で具体的なお願いをしていくのです。

それは本当にパワハラ?

職場におけるパワハラのニュースを見聞きすることが増えました。先生方の相談の中にもパワハラに関連する悩みは少なくありません。

パワハラという言葉を使わなくとも、学年主任や管理職に「大切にしてもらえていない」「ひとりの人間として、きちんと尊重されていない」と感じている先生はたくさんいます。

パワハラとは、「自分の人間としての尊厳を尊重されない扱い、軽視される扱いを受ける」ことです。何がパワハラかという問題ですが、「これはどうしても屈辱的である」と感じることがパワハラに当たると私は思っています。

さて、パワハラ対策を考える前に、ひとつ気をつけていただきたいことがあります。

精神的にバランスが取れている先生の場合は、「本当にパワハラだろうか」と、少し距離を置いて判断しようとします。ところが、人の行動についてすぐになんでも

「絶対にこれはパワハラだ！」と考えてしまう人は、自分自身がメンタルのバランスを崩している可能性があります。

この自己愛の強さが病理に発展し、人間関係に支障をきたすようになると、ボーダーライン・パーソナリティー・ディスオーダー（境界性パーソナリティー障害）になってきます。

例えば恋愛でこの傾向が強い人は、恋人が仕事で忙しく待ち合わせに少し遅れただけでも、「こんな大事な日に遅れるのは、私のことを愛していないのでは」と強く疑ってしまいます。

教師でこのボーダーライン・パーソナリティー・ディスオーダー傾向にある人は、学校の中であまり重要な役割を与えられないと、「私は大事にされていない。これはパワハラだ」とすぐに被害者意識を抱いてしまいます。これは本人の被害者意識の強さに起因する感情です。

もし、「パワハラかも？」と思ったら、一旦冷静に考えて、事実を捉えなおしてみましょう。

パワハラを受けたらどうする?

その上で、「やはりこれはパワハラだ」と判断したら、まずはできれば、同じ学校の同世代の先生に相談しましょう。

身近であなたのことを見ている人に、客観的に状況について理解してもらい、それでもなおおかしいと感じたら、対策を練りましょう。

ポイントは、相談した同僚の先生とふたりで行動することです。

もし、教頭からパワハラを受けているのであれば、その同僚の先生とともに、校長のところへ相談しに行きましょう。また、校長からパワハラを受けていると感じている場合は、その校長と仲の良い主幹や主任の先生のところへ相談しに行くのがよいでしょう。

いきなり本人に直談判すると、関係がより悪くなるおそれがあります。

それでも解決の糸口が見出だせない場合は、教育委員会の窓口に相談しに行きましょう。今は、どの教育委員会でもハラスメントのための相談室が設けられています。相談室では匿名性は守られますし、電話相談であれば、自分の名前も学校名も明かさずに相談できます。教育委員会以外の一般の相談窓口もあります。一般的に見ると、これはパワハラと言えるのかどうかをたずねてみるのもよいでしょう。

5　管理職に必要なこと

「人間関係のプロ」であれ

学校の管理職、校長や教頭（副校長）は、教員集団全体のリーダーとして、乗っている船をどちらの方向に向けて航海をしていくのか目標を示し、みんなの力を結集していく大きな役割を担う存在です。それは、本来であればとてもやりがいのある仕事であるはずです。

けれども最近は、世間の目、保護者の目が厳しくなってきており、管理職になっても仕事がハードな割に手当ては少なく、責任が増すばかりです。「管理職にはなりたくない」という教師が多く、管理職のなり手がなくて現場は困っています。

このような教師受難の時代において、管理職が身につけておくべき力は、「人間関係のスキル」です。

教師という仕事は絶えず人とかかわっていく仕事です。その意味で教師は、人間関係のプロでなければなりません。

校長や教頭（副校長）などの管理職は、人間関係のプロである教員集団のトップなのですから、「人間関係のプロ中のプロ」でなければなりません。

私は多くの学校に伺ってきましたが、いろいろな現場に入って感じるのは、校長や教頭が明るく教職員に声掛けができている学校は、雰囲気が明るくなり、先生方の心の健康が保たれ、モチベーションも高いということです。

それに対して、校長や教頭がちょっと陰気であったり、声掛けが少なかったりすると、教職員全体の士気が下がり、じめじめした雰囲気になっていきやすいです。

校長自ら「最近どうなの？」と明るく積極的に声を掛けていき、教職員が「この校長は接しやすい人だ」「この校長は話せばわかってくれる人だ」という気持ちになれる雰囲気が望ましいと思います。ひとりひとりの教師に対して「あなたのことをちゃんと見ているよ」というメッセージを常に発することが必要です。

管理職には、「聴く力」が求められています。

管理職は、ひとりひとりの先生に「自分のことをわかってくれていない」という不満が蓄積されるのを防がなければなりません。

そのためには、ひとりひとりの言い分をきちんと聴く耳を持つことが大切です。

「君はこんなことを感じているのかな」と、こちらから聞いていく姿勢が必要になってきます。

若手教師の自尊感情に配慮する

近年、とみに傷つきやすい若者が増えているといわれています。

一般企業でも上司からの叱責によって自尊心が傷つけられ、「上司がわかってくれない！」と非難しながら、仕事への意欲を失っていく若手社員の存在が課題となっています。

現在、多くの自治体で若手教師が急増している中で、学校管理職には、若手の意欲を減退させないようなかかわり方が求められています。

ポイントは、若手教師の「自尊感情に配慮した接し方」をすることです。

具体的には、次の５つをふまえておくとよいでしょう。

①大勢の職員や子どもの前で、若手教師を大声で叱責しない。
②若手教師に何か具体的な変化を求める際には「どうしてあなたは◯◯できないんだ」と叱るのではなく、「私は、あなたなら◯◯できると思う。そうしてくれると、私はうれしい。期待しているよ」と勇気づける。
③若手教師は管理職に「わかってほしい」という気持ちを強く抱いているので、若手教師の悩みに寄り添い、傾聴する。
④若手教師は、自分の所属集団で「必要とされているかどうか」に敏感です。ひとり

ひとりの若手に「あなたのことをこの学校では必要としていますよ」というメッセージを送る。

⑤若手教師は、上司に「ちゃんと見てもらえているかどうか」に敏感です。若手教師の具体的な頑張りに目を向け、具体的な行動を評価し承認する。

ベテランが若手とわかり合うための研修を

管理職のみならず、先生方の誰もが、学校運営においてはベテランと若手がお互いにわかり合えていくことがよいと考えていると思います。とはいえ、それを個人の努力だけに任せられてしまうと、抜本的な解決には至りません。

管理職やベテラン教師対象の研修においても、ベテランと若者の断絶を埋めるような内容を入れていくとよいでしょう。

では、どのような研修が有効でしょうか。

①若手への声掛けのトレーニング

ベテラン・中堅教師がふたりひと組になります。

ひとりが落ち込んでいる若手の役をし、もうひとりがその先生に声を掛ける役を演じます。

それを3分〜5分ほどで区切り、「よかったポイント」「ここはもうちょっとこうしてほしいと思ったポイント」をフィードバックします。

よくある失敗パターンは、若手の相談に乗るはずだったのに、ベテラン・中堅教師が経験談や説教で長々と話してしまうことです。

「Aくんという子がいるんだね。その子はどんな子かくわしく教えてくれる？」など、まずは若手教師から状況を丁寧に聞き出し、何が課題で、どうすればよいかを一緒に考えることができているかを確認しましょう。

相手の話をろくに聞きもせず、すぐに自分の経験談や若手の欠点の指摘をしていたのでは、若手に「この人は、こちらの悩みには関心がないんだな」と思われても仕方ありません。

7対3か8対2ぐらいの割合で、若手のほうがたくさん話しているという状態になるように意識してください。

②中堅・ベテランの経験を共有する研修

若手も交えて研修をする方法もあります。若手・中堅・ベテランなどが混じり合った5人ひと組のグループをつくり、それぞれの先生が「これまでの教師人生で一番困ったこと」を自己開示していきます。

「教師になって○年目のときに、◇◇の問題に直面しました。私はそのことで、●●と悩み苦しみました。○○に相談しました。そして、それを▲▲することでしのいできました。この経験は、今の自分の××のように活きています」といった内容を、ひとり5分ずつぐらいで話します。

お互いが自己開示した事例について、批判は一切せず、よく聞いた上で「頑張った！頑張った！」と頑張りを認めていきましょう。

トータルで、1時間もあればできる研修です。

若手の目からは自信に満ち溢れているように見えるベテランの先生にも一度くらいは「教師を辞めたくなった」経験があるものです。「どの先生にもそういう過去があるんだな」と感じ、若手は背中を押されるはずです。

以前ある学校の校内研修でこの研修を行った際に、若い先生たちから「こういう研修を求めていたんです！」と言ってもらえました。もしかしたら、あなたの学校の若手の先生もこうした研修を必要としているかもしれません。

若手教員の研修は、まずは形から入るもよし

研修について、中堅・ベテランの先生からよく聞くのは、若手が「板書の仕方、発

問の工夫など、授業の『技法』を学ぶことに必死になり、『教師として子どもたちの何を育みたいのか』という本質や哲学が抜け落ちやすい」という話です。

特に、授業において「主体的・対話的で深い学び」（アクティブ・ラーニング）への転換が求められるようになり、その戸惑いもあって、必死になって形をインプットしようとしているのが気になるようです。

しかし、中堅・ベテランの先生が「形ばかり真似ても」と苦言を呈することは、あまり意味がないと私は思います。そんなベテランの先生には、「テクニックから学ぶこと」「型から入ること」にも意味があるのだと言いたいのです。

私は『学校現場で使えるカウンセリング・テクニック』（誠信書房）、『図とイラストですぐわかる教師が使えるカウンセリングテクニック80』（図書文化）という本を書いています。そこでは、「まずテクニックから入ろう」と謳っています。テクニックを使ってみて初めて実感できることや気がつくことがあり、そうすると背景にある哲学も理解しやすくなるのです。試してみて「これって意外と効くなあ、なんでだ？」

と思ってから、よりくわしく理論を学ぶ。それでよいのです。

はじめに哲学や理論をしっかりと押さえて、その上でテクニックを習得するという順番での学びは、先生方は忙しいために実質的に難しいのです。

若手の先生の力が一番伸びるのは、「こんな授業をしたいなあ」「こんな学級経営いいな！」と模倣したくなる実践をしている先生を見つけられたときです。その場合、まずはその先生と同じことをしてみて（真似してみて）、そのあとで自分なりの課題を見つけていけばよいのです。

授業実践も、テクニックを盗む、模倣することからスタートするものです。そう考えると、形から入ることは決して悪いことではありません。

一方で、学校現場の研修として多いのが、若手に授業をさせて、ベテラン教師がダメ出しをするというものです。それでは、若手は研修に消極的になりますし、自分から新たなことに挑戦しようという意欲も奪われてしまいます。

若手に授業をやらせて指導する前に、まずはベテランや中堅の先生が、お手本を見せてあげてほしいものです。さらに、そのような研修を日常化して、「いつでも（ベテランの先生の）授業を見に行っていいよ」と伝えられるといいでしょう。

最初から「誰の授業を見学してもいいよ」と言われると初任の先生は戸惑うので、最初は「今月は○○先生の授業、来月は△△先生の授業」などと振り分けてあげるとよいでしょう。

「ゆるめ」と「引っ張り」で組織をつくる

管理職の重要な役割として、教員の組織づくりがあります。

チームを束ねる理想的なリーダー像とは、ゆるめるときはゆるめて、引っ張るときはひとりひとりのメンバーの個性を生かしながら、ぐいぐい引っ張る存在であることです。

この「ゆるめ」と「引っ張り」のバランスが大事なのです。

これを社会心理学では、「ＰＭ理論」と言います。Ｐは、「Performance（パフォーマンス）」、Ｍは「Maintenance（メインテナンス）」です。

「引っ張る」べきときには、「私はこんな目標を達成したい、ぜひみんなで力を合わせてやっていこう」と目標を具体的に明示して共有することが必要です（目標の提示から共有）。

グループの「目標」を設定する際には、いきなりハードルが高い目標を掲げるのではなく、学校や集団の規模、人数、性別などの構成に合わせて、「無理なく達成可能な目標」をうまく立てていくことが先生方のやる気のスイッチを押すことになります。

先生方が「すべきこと」のみを伝えるのでなく、自分の思いをきちんと話すことも重要です。そうすることで、ほかの先生方が「私たちも頑張らなくては」と管理職の思いに背中を押されて、意欲を高めるのです。

第4章　保護者は味方ですか？

1 「保護者は苦手だ」と感じたら

若手教師は「保護者は苦手」で当たり前

保護者に苦手意識を持っている先生はとても多いです。特に35歳以下の先生方にその傾向は多く見られます。

無理もありません。今、小学生の子どもの保護者といえば、40代が中心です。40代から見れば、20代の教師はどうしても「まだ未熟な若者」に見えてしまいます。保護者の年齢の上昇を考慮すれば、学級担任は本当であれば30代になって初めて持つのが自然です。しかし、現実にはそんなことは言っていられません。20代前半でも、学級担任として40代の保護者とうまく渡り合っていかなくてはなりません。苦手意識を抱くなというのが無理というものです。

また、モンスターペアレントの問題が取り沙汰されたのが十数年前ですから、教師になったときからずっとクレーマー保護者と対していたのが、この世代の教師の特徴です。

保護者の学校への接し方は、この20年弱で大きく変わりました。

かつては、遠足のあとは「先生、ありがとうございました。うちの子、すごく楽しかったと言っています」と、保護者から学校への連絡は主に「感謝の電話」でした。しかも、同じようなお礼の電話がたくさんかかってきていたのです。

けれども最近は、「ケガをしているのに、なぜ手当てをしてくれなかったのですか！」「なぜ、行事の帰りが遅くなったんですか？　塾に遅れるじゃないですか！」と、クレームの電話が大半です。教師にとって、保護者との関係は安心できるものではなくなってしまったのです。

保護者の信頼を勝ち取る4つの鉄則

ここで、保護者から信頼を勝ち取るための鉄則をお伝えしましょう。

①パートナー宣言

教師と保護者の本来の関係は、「協力関係」です。教師と保護者はともに力を合わせて子どもを育てていく「パートナー」です。たとえて言うなら、ヨコに並んで、肩を組み合うような関係です。しかし今は、「何かあったら、ちゃんと言わなきゃ」とあちらこちらで面と面で向きあって「対立する関係」になってしまっています。人間は互いに向き合っていると、相手に何か言いたくなってしまうものです。これを本来の横並びの、パートナーとしての関係に戻しましょう。

そのためには、教師の方から保護者会の際にでも、「保護者のみなさんと私たち教師は一緒に力を合わせて子どもたちの心を育んでいくパートナーです。いっしょに力を合わせて、子どもたちの成長のためにがんばりましょう」と、「あるべき関係」を提示していきましょう。

できる教師のこういった姿勢を見ていると、保護者は「この先生は前向きだな」「私たちと積極的にかかわろうとしてくれているな」という思いを抱くようになります。

逆に、妙にオドオドした逃げ腰の教師に対しては、保護者は文句を言いたくなるものです。

②子どもウォッチング

保護者を対象としたさまざまな調査で、人気ナンバーワン教師の常連は、「うちの子どもをよく見てくれている先生」です。

「うちの子はどうでしょうか?」と聞かれて、「ええ、うまくやっていますよ」という抽象的な返事しかできないのではマズいです。具体的な情報を伝えてほしいと保護者は思っているからです。

「ええ、○○さんは先週、クラスの話し合いのときにとても頑張ったんですよ。それで昨日はこんなこともあったんです」と、具体的なエピソードを次々と示せると、保護者の信頼を勝ち得ていくことができます。

子どもウォッチングのコツは、とにかく、よいところでも、悪いところでも、その子の気づいたところは小まめにメモしておくことです。メモをするクセをつけると、具体的な情報がたくさん集められます。記憶力に頼っていると、伝えるべき大切なことをつい忘れてしまうものです。

③連絡をマメにとる

「先生、うちの子、いじめられているような気がするんですが、何か気づいたことがあったら教えてください」と保護者から相談されて、1週間も2週間も何の音沙汰もなかったらどうでしょう。まじめな保護者は自分がクレーマーだと思われたくありませんから、督促はしたくてもできずにいるものです。しかし、このように「放置」されていると、次第に教師に対して不信感を抱き始めます。

保護者には、マメな対応が重要です。何かあれば、その都度電話をかけるようにしましょう。留守番電話に切り替わったからといって切ってしまうのはよくありません。必ずメッセージを残してください。むしろ留守電なら直接話さなくていいし、内容も短くてすむのでラッキーです。

特に気になるようなことがなくても、「もしもし、〇〇くんのお母さんでしょうか。私、担任の〇〇です。〇〇くんのこと、ちょっと気にして見るようにしていますので、ええ、またこちらからもご連絡しますね。失礼します」というように連絡すればよいのです。

「うちの子をよく見ている」「コマメに連絡がくる」――このふたつが保護者との信頼関係の構築には大事です。

「この先生は、信頼できる。うちの子をよく見てくれている」と保護者は実感するでしょう。

④気さくに対応する

保護者に人気のある先生は、気さくな雰囲気の先生です。常に笑顔で、手を叩いて笑うようなオープンな雰囲気の先生は人気があります。

「この先生、気さくで話しやすいわ」と思ってもらえるような先生になりましょう。

自分のことを「前にこんなドジをやってしまって……」とオープンに話をすることも、親しみやすさを感じさせます。ユーモアのある自己開示をしていきましょう。

2 「困った保護者」にはどう対応する?

「困った親」7つのタイプ

先生方から「困った親」について相談されることは少なくありません。その実態はさまざまですが、私が先生方の相談を受ける中で見えてきたのは、以下の7つのタイプです。

【タイプ1】クレーム好きの保護者

あるお子さんが風邪をひいて休みました。先生が学級で「Aさんは今日は風邪でお休みです」と言ったところ、Aさんの親ではなく、同じクラスのほかの子どもの保護者が「教師がみんなに欠席の理由まで伝えるのは、個人情報保護に反するのではないか」と訴えてきました。

このように、ほかの子どもについて、細かなことまでいちいち干渉してきて、教師を振り回すクレーム好きな保護者がいます。

【タイプ2】学校任せの保護者

自分の息子が箸をきちんと持てないことに気づいたお父さんが、「箸もまともに持てないなんて、いったいどんな給食指導をしているんですか」とクレームをつけてきたことがありました。特に最近、父親から過剰に学校の責任を問うクレームが増えているようです。「箸の持ち方」を教えるべきなのは誰でしょうか。

【タイプ3】依存的な保護者

ある子どものお父さんが担任の女性教師に「うちの妻、洗濯物もまともに干せないんです。今度うちにきて、妻に洗濯物の干し方を教えてやってもらえませんか」と依頼してきたそうです。
　ほかにも、自分の愛車の近くで遊んでいる子どもとその友達に注意ができず、「先生、うちにきて、もっと車から離れて向こうで遊ぶように注意していただけませんか」と依頼する保護者もいました。

【タイプ４】子どもを溺愛する保護者
　Ｂくんは、算数の時間のたびに砂場に遊びに行ってしまいます。何度注意しても聞かないので保護者に連絡すると、「だって、うちの子、かわいいでしょ。私、叱る気になんて、とてもなれなくって！（♡）」と言われてしまいました。

【タイプ５】逆ギレする保護者
　小学校２年生のＣくんは数度にわたり、苦手な算数の時間に教室を飛び出して砂場で遊ぶことを繰り返していました。追随して数人の子どもも砂場に行き始めたので、このままでは授業が成立しなくなることを懸念した学級担任が母親に連絡をしました。

そうしたところ、「うちの子は、このとき、算数でなく、砂場遊びをしたかったのです。こちらの学校では子どもの個性は尊重してくださらないのですか！」と返ってきました。

教師が食い下がると、母親は「そういうことしているの、うちの子だけじゃないでしょう！　なのに、なぜうちだけ言われなくちゃいけないんですか！」と逆ギレされたと言います。

またある小学校では、授業参観中の親の態度があまりにひどいので名指しで注意をしたところ、「みんな騒いでいるじゃないですか！　なのに、どうして私だけ注意するんですか！」と反論されたといいます。

「どうして私だけ……」というもの言いは、小学生の児童が言い訳をする時に多用するものです。このままでは指導にマイナスになると考えた教師が、「ほかの人がしゃべっているからといって、しゃべっていいわけではないでしょう！」とその親を諫(いさ)めると、またまた「だから、どうして私だけ!」と逆上されたといいます。売り言葉に買い言葉。こうなると、あとで困るのは、「お前の母さん、すごいな」とクラスメイトからからかわれる子どものほうであることは言うまでもありません。

【タイプ6】家で子どもに教師の悪口を言う保護者

テレビをはじめとするマスコミで、セクハラ教師、体罰教師の問題が報じられると、保護者が子どもに向かって「○○ちゃん、担任の先生大丈夫なの? なんか、スケベな顔してるじゃない、今度の担任の先生」などと言ったりします。これでは、子どもの教師への信頼が損なわれ、指導がしづらくなります。

また、「そもそも学校の先生って常識がないし、子どもっぽい人が多いのよね! 何かあったらお母さんに言うのよ。教育委員会に訴えてやるから」といった言葉を子どもの前で口にしてしまう保護者もいます。

当然、子どもは教師を軽蔑しだし、「先生の言うことなんて聞かなくていい」と思い始めます。教師の指示が入りづらくなってしまうのです。

【タイプ7】集団で教師のバッシングを繰り返す保護者

ある公立小学校では、学校に批判的な親十数人がLINEのグループでやりとりをしているうちに、不満がヒートアップ。数人の親が校長室に乗り込んできて「即刻担任から下ろすように！」と直談判しました。騒ぎが大きくなるのをおそれた校長が一時的に担任を外したところ、ショックを受けた担任はそれが原因で精神疾患に陥ってしまいました。

このように、保護者集団からのバッシングで休職や退職に追い込まれる先生は少なくありません。

ここに紹介した「困った保護者」はごく一握りの保護者のことです。もちろん、大半の保護者は子どもを愛する、きちんとした方です。

しかしながら、今、こうした「困った保護者」たちからの攻撃に心を傷つけられ、管理職からも守ってもらうことができずに、心を病み、休職などに追い込まれている教師が増えているのです。

「困った親」を生まないためのポイント

「教師を辞めたい」と訴える先生方の８割が、なんらかの形で保護者からの攻撃を受けています。世間では「モンスターペアレント」などと呼ばれていますが、教師にとっては教員人生そのものを否定され、心の病に追い込まれていく、一生にかかわる問題です。

そんな「困った親たち」を生まないようにするために、教師の側ではどうしたらよいのでしょうか。３つのポイントを紹介しましょう。

【ポイント1】

目指すのは、「保護者を味方につける」ことです。

そのためには、不登校になった、いじめを受けているなどの理由で本当に援助を必要としている子どもをきちんと守ることです。

我が子を救ってもらえた保護者の中には「この先生は、信頼できる」という思いがふくらみます。そうした保護者や、強い信頼関係ができていて「いざというとき自分の味方になってくれると思える保護者」を3人くらい見つけておきましょう。

かつて、保護者集団からのバッシングに追い込まれ、辞職の瀬戸際に追いやられた教師がいました。その教師は別件で、いじめにあった子どもを懸命にサポートしていました。

すると、いじめから守ってもらった子の親や、その親とつながりのあるほかの保護者たちが「この先生は信頼できる人だ」「この先生は辞めさせるべきではない」と声をあげてくれて、署名運動までしてくれたのです。かくして、この教師は教師生活最大の危機を乗り越えることができました。

教師同士で守り合っても、しょせん身内同士です。保護者からの肯定的な声が、ほかの保護者のバッシングから教師を守ってくれるのです。そのためには「この先生はいい先生よ」と声をあげてくれる保護者とのつながりを日頃から大切に築いておくことが重要です。そうした保護者とのつながりが、ほかの保護者からのバッシングの声を沈静化することにもつながっていくのです。


【ポイント2】

多くの場合、クレーマーの保護者は、保護者同士の関係の中でも孤立しています。独立している人が、誰かを攻撃したくなるのは世の常です。

保護者会などの際に、エンカウンターを行って保護者同士の関係をつくり、孤立した保護者をなくすと、結果的に担任へのクレームを減らすことにつながります。

信頼を手にするためには「楽しい保護者会」を行うのが切り札の一つです。保護者会の雰囲気を楽しくできれば、保護者集団の教師への親しみの気持ちをぐっと高めることができます。

【ポイント3】

困った親への対応には、「おもてなしの心」が何よりも重要です。

教師の指導法などについてクレームをつけてくる保護者は多くの場合、被害者意識が過剰です。「うちの子や私は、もっと大切にされてよいはずなのに、してもらえていない」という不遇感、被害者感情を抱いています。これを受け止めることが大切です。

こうした保護者が抱いている潜在的なニーズは、「もっと大切に扱われたい。リスペクトされたい」という欲求です。

「おもてなしの心」で接しているうちに被害者感情が和らぎ、クレームも沈静化し穏やかになっていく保護者は少なくありません。

3 クレームが来たらどうする?

「あなたのことを大切に思っています」

保護者に限らず、いわゆる「クレーマー」に共通の心理は、「自己愛の傷つきが激しい」という点です。

現代社会は、仕事で頑張ってもなかなか認められない、ほめてもらえない、その一方で、何かまずいことをしてしまうと攻撃を受ける社会です。「誰もが誰かから文句を言われうる社会」においては、自分が大事にされているという実感を得にくいのです。自尊心や自己愛が傷つきやすく、その心をもてあましている人が、他者を攻撃してしまうのです。

したがって、クレーマーの対応では、相手の「自己愛をどう満たすか」「自尊心の傷つきをどう支えていくか」が重要になります。自分を非難してくる人の心の奥に「傷つき」を見出だして、それを支えていくのです。なかなか難しいことですが……。

文句を言う人は一見攻撃しているように見えますが、心の内では「自分は被害者だ」という気持ちが強いのです。「もっと私を大事にしてほしい」という屈折した気持ちがクレームとして表れているのです。

したがって対処法としては、「あなたのことを大切に思っている」という態度を示すことが重要になります。「この学校・先生は私のことを大事にしてくれる」と保護者が実感できるような対応をすることが原則です。「おもてなしの心」を持って接することで、被害者感情がやわらぐと、自然とクレームも沈静化していきます。

銀行、新聞社、デパートなど、どの業種でもクレーム対応の基本は「おもてなしの心」なのです。

これで万全! クレーム対応マニュアル

それでは、保護者の方がクレームをつけてきたときの具体的な対応方法をお伝えしましょう。

①「来られた保護者の人数プラスワンの教員」で対応する

母親がひとりで来たら、担任と学年主任で対応します。ご両親で来たら、担任と学年主任、管理職で対応しましょう。「あなたのことを大事に考えている」という気持ちが伝わる人数は、教員側は保護者の人数「プラスワン」で対応するのが、ほどよいのです。

②父親には管理職が対応する

特に社会的地位の高い父親は「どんな地位の人間が自分の対応をしてくれるのか」

に敏感です。社会的なステータスの高い保護者が来た場合には、こちらも管理職の先生、できれば校長先生に対応してもらいましょう。

③玄関まで迎えに行く

ひとりでもよいので玄関で保護者を出迎えましょう。クレームを言いに行ったけれども、教師がなかなか出てこない。玄関で待たされる……。この玄関での待ち時間にイライラが爆発して、クレームが激化するようです。これを防ぎましょう。

④冷暖房完備の部屋でお話しする

待ってもらっている間も、話をするのも冷暖房完備の部屋に通します。倉庫のような雑然とした部屋で待たせるのはさらなる怒りを買うだけです。

飲み物とお菓子を出すのも忘れないようにしましょう。

ここでどんな飲み物をお出しするかですが、デパートの苦情対応係はクレーマーには夏でも冬でも「冷たい飲み物」を出すところが多いそうです。頭に血が上っているのをクールダウンさせる効果があるからです。逆に、カフェインの強い濃いコーヒーやブラックチョコレートなどは興奮や覚醒の作用が強いので、控えたほうがよいでしょう。麦茶やジュースに、小さなおまんじゅうのような、和菓子などがベストです。

⑤ネクタイ姿で対応する

時々、ジャージ姿のまま保護者に対応してしまう先生がいますが、これはよくありません。保護者からしてみれば、「なめられた感じ」がして、怒りを刺激します。

男性でも女性でもきちんとした格好で臨みましょう。もし、父親がバリッとしたスーツを着てきていたら、ジャージで対応することについて軽んじられていると反感を買う可能性があります。ロッカーには、スーツ一式を常備しておくとよいでしょう。

⑥名刺を用意する

「だから教員は非常識なんだ！」と言われる理由のひとつに、名刺を持っていない先生方が多い、ということがあります。先生が名刺を持ち合わせていなかったことで、教育委員会にまで「なっていない」とクレームが入ったこともあります。新たなクレームの火種になるので、名刺をつくっておきましょう。

⑦来校を「ねぎらう」

会話の冒頭で「お疲れのところ、ご足労いただきまして本当にありがとうございます」と保護者の怒りの感情が落ち着くように、足を運んでくれた労をねぎらいましょう。「大切にされている感」を出すことが重要です。

⑧子どもの良いところをほめる

お子さんのことを、「〇〇さんは本当に△△で、私、大好きなんです」と言葉にして伝えてみましょう。保護者との面談が終わった後で、「会った瞬間から子どもの欠点についての批判ばかり聞かされて、本当に腹が立つ」という声を保護者の方々から聞くことがあります。それは火に油を注ぐ行為です。

人間の心に直接届くのは結局のところ、「好き嫌い」です。わが子を「好きだ」と言われて、嫌な気持ちになる人はいません。関係をぐっと縮めることができます。

⑨丁寧に話を聴く

耳を傾け、保護者の話をよく聴くことを心掛けましょう。そして、少し大きめに相づちを打ち、「そうですか!」「なるほど」と声に出していきましょう。「あなたの話を大切に聞いていますよ」という姿勢が伝わることが大事なのです。

⑩「わかりました。そうします」と軽々しく口約束はしない

保護者に「いい顔」をしたいと、保護者からの「〇〇してほしい」というリクエス

トに対してつい「はい、そうします」と言いそうになることがあると思います。しかし、軽々しく承諾してはいけません。例えば、「うちの子だけ、別のクラスに変えてください」などといったリクエストに、そう簡単に応じることはできないでしょう。約束しておいてそれを実行できないとかなり激しく非難される場合があります。保護者の気持ちを受け止めることは大切ですが、軽い口約束はしてはいけません。

⑪粘り強く話を聞く

新聞社にかかってくるクレーム電話の対応時間は、1回につき1時間から1時間半だそうです。教師も保護者のクレームに対応するときは「でも」「そう言いますが……」などと反論せずに、粘り強く話を聞くのが大切です。1時間半もするとたいていの保護者は「先生、ちょっと今日は言いすぎました。すみませんでした」と冷静さを取り戻してくれるものです。

⑫お願いは具体的にする

保護者に対して説教モードになるのは厳禁です。

例えば、クレームをつけてきた保護者が子どもにきちんと食事を与えていないことがあっても、「あなたも親なんだから、食事ぐらいつくったらどうですか」などと言ってはいけません。その保護者は傷つき、家に帰ってから子どもに「あなたのせいで、先生にお説教されたでしょう!」と子どもに対して怒りをぶつけてしまうことがあります。そうなると、子どもは、教師を信頼できなくなってしまいます。

クレームを言う側は、自尊心が傷ついているのです。できるだけ自尊心を満たすような言葉掛けを考えましょう。

例えば、「○○くん、学校で『お母さんのつくるおにぎりが大好きだ』って言っているんですよ。お母さん、おにぎりをつくるのが上手なんですね。うらやましいなあ。できればなんですけれど、1日3個ぐらい、おにぎりをつくっておいてくれたら、○○くん、喜ぶと思うんですけれども」と、お願いするのです。

相手の自己肯定感が高まるような言い方で、しかも具体的にお願いをするのです。

⑬次につなげるお願いをする

「お母さん、○○くんとっても喜んでいたんですよ。次もお願いしますね」と、次につながるように、保護者が継続できそうな言葉掛けをしていきましょう。

ひとりで抱え込まないで周囲に相談する

「教室で先生が雑用をしている間に、先生の目の前でいじめが起きていて、子どもがケガをしてしまった」「先生が部活動でその場にいるべきときにおらず、生徒が悪ふざけをしてケガをしてしまった」といったように、明らかに教師のミスがあった場合に、保護者からクレームが入ったときには、どうしたらよいのでしょう。

保護者からのクレーム対応における重要なポイントは、担任ひとりで抱え込まないことです。

クレームに教師個人の考えで対応してしまうと、あとになって「えっ、個人の考えで動かれても困る……」と周囲の人が迷惑することが多いのです。クレームに対する返答に迷ったら、「上と相談します」「学年で話します」とワンクッションおきましょう。

そして、最低でも学年主任、できれば教務主任や教頭、校長と相談することです。「クレームがきたことが周りにわかったら、自分の評価が下がってしまうのではないか」とおそれてひとりで問題を抱え込んでしまう先生がいますが、これは後々大きな問題に発展しかねません。管理職からは、「なぜ早く言ってくれなかったんだ!」ととがめられるでしょう。

実は、評価が下がるのは、問題を報告していなかったことがわかった時点です。クレームがきたことではなく、クレームを抱え込んで対応が遅れたことに対して評価が下がるのです。クレームがきた時点で、周囲に相談しておいたほうがよいのです。

個人情報は伝えない

保護者によっては、教師の個人情報を教えてほしいと言ってくる人がいます。「相談したいことがあるので携帯電話の番号を教えてください」などと言われると断りにくいでしょう。しかし一度伝えてしまうと、24時間、365日その保護者に対応することになりかねません。いつでも先生には連絡がつくものだと思い込んでしまう保護者は必ずいます。また、この保護者には連絡先を伝えて、別の保護者には伝えない、ということはできません。

実際に携帯電話の番号を伝えてしまい、特定の保護者からある先生のもとに毎日5時間にもわたる電話がかかってきたケースがありました。電話をかけてくる保護者に対して、「もう無理だ」と思い「今日はこれで失礼します」といきなり電話を切ったら、警察に傷害罪で訴えられたという例もあります。「電話をいきなり切るなんて、私の心が傷ついた。訴えてやる！」というわけです。

数百名の保護者には、当然、いろいろな方がいます。なかには精神的に弱っている方もいます。それを中途半端に受け入れてしまうと、このようなことになるわけです。年賀状や暑中見舞いを自宅の住所で出してしまったために、しょっちゅう保護者が自宅を訪ねて来るようになった例もあります。年賀状や暑中見舞いの返事は、自宅ではなく必ず学校の住所を使うようにしましょう。

保護者には、基本的には学校の代表番号やアドレスだけを伝えておけばよいでしょう。最近では、何曜日の何時から何時までと一定の時間帯しか電話対応しない学校も増えています。ただでさえ教師は本当に多忙です。際限なしに電話をかけてこられれば、業務が滞ってしまいます。

教師人生を長く続けるためには、無理をしすぎない、自分を守るという視点も大事です。そのために、プライベートの時間と勤務時間を分け、個人の電話やメールは保護者には教えないほうがよいでしょう。境界線をきちんと引くことが教師の身を守り、ひいては保護者との間の不要なトラブルを防ぐことにもつながるのです。

4　子育てに自信のない親をどうする?

子育てに自信のない親が増えている

子育ての自信を失い、意欲も完全に失ってしまっているように見える保護者も増えています。

スクールカウンセラーをしていると、保護者の方からこんな相談をされることも少なくありません。

「先生、私、もうこの子を育てられません。私には無理です。いくら言っても言うことをきかない子は私には無理です。どこかに預けてしまいたいのですが、よい施設はありませんか?」

先生方がこうした保護者の言葉を受けると、「何を言っているんですか！　あなたはこの子の親でしょう。だったらしっかり愛してあげてください。親に愛されない子どもほど不幸な子はいません！」などとお説教をしがちです。

しかし、教師はこれをやってはいけません。

「子育てがつらい」「もうこの子を育てられない」と思うことは、親であればよくあることです。根がまじめで、必死で子育てをしてきた親が精神的に追い詰められて、このような言葉をもらすことがあるのです。その弱音を正直に先生にこぼしたら、説教をされてしまうと、保護者はますます子育ての意欲を失ってしまいます。なかには、家に帰って「あんたのせいで、私が先生に叱られちゃったじゃないの！」と、子どもを責める方もいるでしょう。つまり、説教をしても問題は解決しないのです。

教師がすべきなのは、養育意欲を失った保護者の気持ちにカウンセリングマインドで寄り添ってあげることです。

自分の手に余ると思ったら、スクールカウンセラーにつないで、保護者を支える環境を整えられるとよいでしょう。

「あなたならできる」の声掛けを

親が子育ての意欲を失っていくのは、多くの場合、子どもが小学校5～6年生から中学校1～2年生の頃です。この時期になると子どもは反抗期を迎え、「かわいげ」がなくなりがちです。子どもへの「かわいい」という気持ちが薄れてくのです。

そんな親をサポートしていく上でアドラー心理学の「勇気づけ」が効果的です。

「お母さん、私いつも◯◯さんからお母さんのことを聞いていますよ。どんなにお母さんが◯◯さんのことを愛しているかわかりますよ。◯◯さんが思うように育ってくれないとイライラされているようですが、そのイライラは、本当は◯◯さんに、こう育ってほしいという気持ちがあるからこそ起きてしまうものなんでしょうね」と、背景にある子どもへの愛情に焦点をあてて話を聞いていきましょう。

その上で、具体的にお願いをするのです。

「お母さん、◯◯さんはお母さんがこんなことをしてくれたとすごく喜んでいましたよ。お母さんが大好きだって言っていました。もう少し○○○してくださると私もとてもうれしいです。お母さんならできますよ」

このように、「あなたならできる」という励ましの声掛けをしてほしいのです。

教師は教育のプロです。いくらこの保護者を許せない、と思っても、相手を責め立てて結果として養育意欲を失わせてしまっては、子どものためにはなりません。保護者の子育て意欲がアップするように働きかけていくのが、プロの教師といえるでしょう。

「ネグレクト」だと判断したら

なかには「ネグレクト（育児放棄）」に至っているケースもあります。

養育放棄の親に出会ったとき、先生自身がまずすべきことは「親だから子どもに愛情を注ぐのは当然」というイラショナル・ビリーフを捨てることです。親だからといって、自分の子どもでも、カワイイと思えないのは、よくある自然な感情です。必ずしも「親だから子どもに愛情を注ぐのは当然」ではないのです。

イラショナル・ビリーフがあると、どうしても保護者を責めたくなります。ですが、繰り返しお伝えしている通り、責めたところで事態は改善しません。

もし実際に、虐待が起きていて児童相談所への通告が必要だと感じたら、校長にまず伝えましょう。校長を通して通報したほうが、あとで学校組織として対応ができるからです。ところが、校長の中には「まだ早い」「状況をよく調べて、本当に虐待なのか確認してから」と考えて、通告をためらう人もいます。

しかし児童虐待は、「その可能性が疑われる場合」には通報しなくてはならないと規定されています。虐待が証明されるのを待っていては、保護が遅れて、その間に子どもの命が危険にさらされかねないからです。

5 年上の保護者からの信頼を得る

教師は若返り、保護者の年齢は上がっている

前にも述べた通りこの10年ぐらいの間に教師の平均年齢が下がり、教師の年齢構成はずいぶんと変わりました。

十数年前は50代が中心の小学校も多く、40代が若手と言われることもありました。その世代の先生方が定年退職されて、代わりに数多く入ってきたのが20代の先生です。50代中心の学校から20代中心の学校へと様変わりをしたわけです。

一方親の初婚年齢は以前より遅くなり、子どもを産む年齢も上がりました。

例えば、30歳から35歳で子どもを産むと、お子さんが小学3年生になる頃には、お母さんの年齢は40歳から45歳になっています。

今や「保護者のほうが10歳以上年上」というケースが一般的になってきたのです。問題なのは保護者の中に若い教師に対して、「まだ若くて子どもを産んだこともないあなたに、いったい何がわかるの？」という態度を露骨に表す方がいることです。

そうした保護者がいる中で、先生方が保護者とどう付き合っていけばいいかは、学級を運営していくうえで大きな問題となります。

ポジティブな言葉と笑顔で明るいオーラを振りまく

保護者との付き合い方は、最初が肝心です。まずは、「笑顔」。基本的なことですが、ファーストコンタクトで明るいオーラを放っていると、人間関係はぐっとよくなります。人は、ネガティブなオーラを出している人には文句をつけたくなったり、距離を置こうとしたりしてしまいがちです。

日頃、笑顔をつくるのが苦手であれば、どなたか参考になるモデルとなる人を頭の中に描いて、真似るよう意識してみてください。

また、保護者と会ったときに、いきなり子どものダメ出しをしないことも大切です。「○○くん、頑張ってますよ」など、ポジティブな言葉から始めてください。

子どものダメなところばかり指摘されると、表面上は「本当にいつも申し訳ありません」などとおっしゃっている保護者の方も、内心は腹を立てていたりするものです。

6 「賢い親」の学校との「賢い付き合い方」

「賢い親」は、上手に学校と付き合う知恵を持っている

これまで本書をお読みいただいて、いかがでしょうか。今の学校がさまざまな問題を抱えていることは実感していただけたのではないでしょうか。と同時に、あまりにも大きな問題を抱えているので、保護者として、心配になられた方も少なくないかもしれません。それも無理のないことです。

かといって学校に対して騒ぎ立てるのはあまり賢明ではありません。それではいわゆるクレーマー、モンスターペアレントになってしまいます。

学校や教師がそんなに問題を抱えているんだったら、親としては常に目を光らせておいて「いつでも学校に文句を言う」姿勢でかかわっていったほうがいいのではない

か。そのように思われる親御さんもいるかもしれません。

これに関して私は、はっきりと「ノー」と言いたいと思います。

人間は自分にひたすら文句ばかり言ってくる人を回避する傾向があります。いつも文句ばかり言ってくる人には「あまりかかわりたくないな」「困った人だなあ」と思うのが自然です。

そうなると、その人の言っていることは正面からまともに聞いてもらえなくなりがちです。

「文句を言ってさえいれば、うまくいく」ことは、あまりありません。

それではただおとなしくしていればいいのかというと、そうでもありません。

かつては保護者の方がよく「子どもを学校に人質にとられているから、私たちは何も言うことができないのです」とおっしゃっていました。今でも「あまり先生方に注文をつけすぎると、〝うるさい親の子ども〟ということで内申書が不利になるのではないか」と気にする保護者の方もいます。

しかし、これは明確に言えることですが、保護者が多少面倒くさい親だからといって、子どもの内申に大きくマイナスに響くなどということは決してありません。今の日本の学校がそれほどゆがんでいるとは思えません。

以前に経験したケースですが、担任の先生の印象を良くしようとして仲良くなりすぎてしまい、性的な関係にまで及んだ保護者の方もいました。これはあまりにも行き過ぎた行為です。

逆に多少の注文をしたからといって、内申書がひどくなったケースというのも私は聞いたことがありません。日本の学校はそこまでおかしくなってはいないのです。

文句をつけすぎるのもよくない。じっと黙っておとなしくしているのもよくない。そう私は申し上げました。

では、どうすればいいのか。

「賢い親」は学校との「賢い付き合い方」を知っています。

学校との賢い付き合い方を知っていることは、「親として賢明であること」のひとつの条件であると言っていいように思います。

ここでは、そんな学校との「賢い付き合い方」について学んでいきましょう。

まずは担任教師を大切に

保護者の方の中には、担任の教師に不信感を持つ方は少なくありません。

そういう方の多くは直接校長に、担任についての不信感や不安感を伝えようとします。なかには校長さえ通り越して、いきなり教育委員会に連絡をしようとする親御さんもいます。

しかし、これは決して得策ではありません。なぜならば、多少そうした点があったとしても、担任教師を替えるということはあまりないことだからです。

担任教師をすっ飛ばして、校長や教育委員会に連絡する。これは担任の先生と保護者との関係を厄介なものにしがちです。

「あの保護者は、私を飛ばしていきなり校長に文句を言うんですよ」

「私には何も言わないのにいきなり教育委員会に連絡をしたんですよ」

このような言葉を担任の先生方からしばしばお聞きしました。

無理もありません。日本の学校ではまだまだ「学級担任中心主義」が根強いからです。保護者の方にも「まずは担任。ともかく担任」という意識は根強くあります。学級担任のほうも「自分が学級担任である」という強い責任感を持っているからこそ、さまざまな粘り強いかかわりが可能になっているということがあります。

にもかかわらず担任を飛ばして物事を運ぼうとすると、信頼関係を崩してしまう。これは保護者にとって必ずしも得策とは言えないと思います。

もし学級担任に関して何か不平不満がある時には、まずは本人にそのことをやんわりと伝える。これが一番賢明な方法だと思います。

そのときに必要な知恵のひとつは、先に少し触れた「わたしメッセージ」を使うことです。

私たちはクレームをつけるときには、しばしば「あなたメッセージ」を使います。

これは、「隠れた主語が『あなたは』という二人称になっているものの言い方」です。

例えば「先生は（あなたは）クラスの子どものことをあまりよく見てくれていないんじゃないでしょうか」「先生は（あなたは）特定の子どもばかりひいきしているのではないでしょうか」といったようにストレートに相手を攻撃してしまう言い方です。

これが「あなたメッセージ」のものの言い方です。

これでは相手を傷つけますし、しばしば関係を悪化させるだけに終わります。

このように文句を言うのではなくて、主語を「私は」とか「うちの子どもは」にして伝えるのです。相手を責めるのではなくて、「私はこう感じている」「うちの子どもはこう感じている」と伝えるとよいのです。

例えば、

「うちの子どもは先生のことが大好きなので、もう少し授業中○○させてほしいと私は思っているんです」

「1日に1回ぐらいうちの子どもに声をかけてくださると、とてもありがたいです」

このように、あくまでも「自分の気持ち」としてポジティブな「○○してほしい」という積極的な要求を伝えるのです。

「あなたのこういうところがまずいです。ダメなんです」と伝えるのではなくて、「うちの子どもはこんな風に感じていて、私としては、こうしてくれるとうれしいのです」という積極的な伝え方をすること。

これが担任の先生に、言いたいことを伝えるときの一番のポイントです。

もちろんこれでも、担任は、「何か自分に不満を抱いているんだな」とは感じると思います。しかしそれは事実なので、致し方のないことです。

それでも直接「あなたにもこういう問題がありますよ」という言い方をするよりも、ずいぶん柔らかく相手に伝わります。

このように、「ものの言い方」をちょっと工夫して伝えるだけでも、担任との「最悪の関係」「最悪のバトル」だけは避けることができます。その上でこちらの伝えたいことを伝えることもできるのです。

担任に言いたいことを伝えるときには「わたしメッセージ」で伝えること。このことを忘れないようにしましょう。

第一印象が肝心! 「うちの担任の先生、大丈夫かな?」とならないために

保護者の方々が「うちの子どもの担任、ちょっと大丈夫かな」「あれ? ちょっと変なんじゃないの」と思うのは、どんなときでしょうか。

保護者と担任のファーストコンタクトは、多くの場合、小学校1年生や中学校1年生であれば入学式、ほかの学年であれば最初の保護者会になります。

先生方からしてみると、ここが勝負どきです。

私は、全国の教育委員会から「保護者との良い関係のつくり方」というテーマでしばしば研修を頼まれます。

今多くの学校の先生方にとって、「どのように保護者と良い関係をつくっていくか」ということは大きなテーマのひとつとなっているのです。

そのときにいつも申し上げるのは、「最初の保護者会が勝負ですよ」「最初の入学式が勝負ですよ」ということです。つまり「保護者とのファーストコンタクトが、良い関係づくりの勝負どき」なのです。

多くの心理学の研究で示されているように、人間は第一印象に人間関係を大きく左右されます。例えば恋愛の研究で言うと、最初の数十秒で悪い印象を抱かれた異性は、「圏外入り」が決定。その後、恋愛の対象になることはほぼないと言われています。最初の数十秒どころでなく、「最初の6秒」でほぼ第一印象が決まり、ここで「圏外」に置かれた異性は恋愛対象にはまずならない、という研究もあるほどです。

保護者と担任の関係はどうでしょうか。

「最初の6秒」は言いすぎであるとしても、「最初の瞬間が勝負」とは言えると思います。

このとき担任の先生方に私がいつもお願いしているのは、「入学式や最初の保護者会での挨拶を好印象にすること」です。

短くわかりやすく楽しい話で具体的なメッセージを伝える。自分はどんなクラスをつくりたいのか。どんな学級にしていきたいのか。どういう考え方を持っているのか。それを短くわかりやすく明快に伝えてほしいのです。

そして前述したように、保護者の方々に対して、「私ども教師と保護者の皆さんとは、これから一緒に子どもを育てていくパートナーです。ぜひ一緒に力を合わせていきましょう。よろしくお願いします」と「パートナーとしての関係づくり」をしていくこと。そのように教師のほうから保護者の皆さんに積極的に働きかけていくことが大切です。

「あー、この先生だったら、うちの子を任せていても大丈夫だな」

「信頼できる先生でよかったな」

そういう第一印象は、先生が保護者に向かって話す最初の数十秒で決まります。この「最初の数十秒」のスピーチを何度も練習すること。これが大事です。

私たちが結婚式に呼ばれたときには、3分以内で面白いエピソードをわかりやすく話そうと思って何度も練習しますよね。

これと同じような姿勢で、保護者との最初のファーストコンタクトを演出してほしいのです。うまくリーダーシップを発揮して、好印象を与えるスピーチをしてほしいのです。

逆にこのときに、何分もかけてグダグダと抽象的な話をしてしまうと、その先生は印象が悪くなるものです。それは、結婚式のスピーチでつまらない話をいつまでもする人がなんだかイヤな印象を抱かれてしまうのと同じです。

保護者との最初のファーストコンタクトで、言わなくてもわかるようなダラダラした話を何分もかけてし続けると、多くの保護者が「この先生つまらない先生だな。きっと授業もこんなふうにつまらないんだろうな。このクラス大丈夫かな。荒れるんじゃないかな」――そのような懸念をし始めるわけです。

話の内容だけではありません。ルックスやファッションも重要です。

これも、異性との関係づくりと似た点です。

保護者によい印象を与えたいのであれば、まずは、「清潔感を印象づけるファッション」を心がけましょう。「清潔感のある髪型」を心がけましょう。

自分でコーディネートするのに自信がなければ、入学式や最初の保護者会の前日に、お店に行って服を見繕ってもらったり、美容院に行くのも悪くないと思います。

保護者の方からしてみれば、あまりにも服装がだらしない、髪型が小汚いというだけで、「なんだかこの先生大丈夫かな」という心配につながります。

保護者の方が最初の保護者会や入学式でもっとも懸念を抱くのは、「なんだかこの先生疲れ切っているな。覇気がないな」と感じる瞬間です。「オーラ」がよどんでいるのです。

保護者と話をしている間に、時折ぼーっとしてしまっている。保護者からの質問にも、まともに答えることができない。何を聞いても「大丈夫です。大丈夫です」としか言わない。

こういった教師の様子を見ていると、保護者が心配になるのも当然です。

ある小学校4年生の保護者の方は、最初の保護者会で担任の先生が心ここにあらず、という雰囲気を漂わせていて、あまりにもぼーっとしていたことから心配になりました。そしてあとで誰もいない教室に入り、盗聴器を仕掛けた……なんていうケースもありました。これが発覚したあと、担任教師は大きなショックを受けてうつ病になり、学校をしばらく休みました。

これはもちろん、よくないことです。けれども保護者の方からすれば、「この先生本当に大丈夫かな」「こんな雰囲気だと、もし教室でいじめが行われていたとしても、そのまま放置してしまうのではないか」「ただ手をこまねいて見ているだけではないか」「その間に学級の荒れやいじめがますますエスカレートしていくのではないか」「だとしたら心配なので、様子を観察していたい」――そんなふうに不安が募っていくのです。

子どもの進路について担任に相談するときのコツ

保護者は、学級担任の先生にさまざまなことを相談します。中学校や高校の先生への相談でもっとも多い内容のひとつは、「子どもの進路について」だと思います。

多くの中学校では、子ども・保護者・担任の三者による「三者面談」、子どもを交えないで保護者と担任で行う「二者面談」、校長と保護者が直接面談する「校長面談」など、さまざまな形で面談の機会を設けています。このような複数の面談の機会を設けることによって、保護者も担任も子ども自身も「みんなが本当に納得のゆく進路選択」ができるように工夫しているわけです。

進路相談においてしばしば見受けられるのが、子どもと保護者が選択した進路について、担任から「それは高望みすぎます。無理ですよ」と言われるケースです。

結論から言うと、その場合は8割方先生の言う通りにしたほうがうまくいくようです。

中学校の先生方は進路について多くの情報を共有していることが少なくありません。やはり「情報量の多さ」という点では、多くの保護者は学校の教員にはかなわないものです。ですので、中学校教師の「合否の予測」は当たることが多いのです。

それでも親として悩ましいのは、子どもから「どうしてもここの学校に行きたい。諦めがつかない」という強い希望があるのに、担任からは「それは無理だ」という答えしか返ってこない場合です。

このようなときどうするか。担任のアドバイスに従って最初から諦めるべきなのでしょうか。

ケースバイケースだと思いますが、私は「お子さんが第一志望の学校をどうしても諦めきれないのであれば、その学校を受けさせてあげる」のも一案だと思います。

なぜならば、先生のアドバイスに従って、不本意ながら第二志望、第三志望の学校しか受けなかった場合、その学校に合格して入学したとしても、不本位感がままならず、結局不登校になってしまい、学校を中退することになってしまう子どもも少なくないからです。

なぜそうなるのか。それは単に「その学校がイヤだ」というだけでなく、「第一志望の学校を受けられなかった。受けさせてもらえなかった」という思いが、「心のしこり」となって残ってしまうからです。

場合によっては死ぬまでずっと、「あのとき担任から私の第一志望を認めてもらえなかったから、私の人生は狂ったのだ」「あの担任のアドバイスに従ったから、私の人生はこうなってしまったのだ」と、恨みつらみを抱えて生きることにもなりかねません。

当然のことですが、人間、自分の人生は自分で生きることしかできません。

したがってどんなに担任が反対しようと、どうしてもお子さんが受けたいという学校があるのであれば、その学校を受けさせてあげるのが一番だと思います。それが将来ずっと続く不本意感を解消するために、もっとも重要な知恵かもしれません。

心から受けたかった第一志望の学校を受けたならば、たとえ不合格であったとしても、お子さんにも親御さんにも「やるべきことをやった」という達成感が残ります。

そうすれば、第二志望、第三志望の学校に行かざるを得なくなったとしても、その現実を受け入れやすくなります。

そして残念ながら、第一志望以外の学校に通わざるをえなくなった場合には、親としてこんなふうにアドバイスしてあげるのがいいでしょう。

「あなたが行くのに一番いいことになっている学校に、受かることになっていたのよ」

これは、私の娘が第一志望校に落ちたときに、実際に娘にかけた言葉です。

おわりに

「いつ教師を辞めてしまおうか」――そんな思いを密かに抱きながら毎日勤務している先生は、案外多いものです。講演会で手をあげてもらうと、一度も「辞めたいと思ったことがない」先生は、せいぜい3割程度。あとの先生は、以前辞めたいと思った経験があるか、今現在も辞めたいという思いを多少なりとも抱えています。

しかしながら、多くの先生が「辞めたい」という気持ちと同時に、「この仕事はよい仕事だ」とも感じています。つまり、教師は大変なことも多いけれども、「やりがいがある仕事だ」とも感じているのです。

何らかのトラブルがあった時、嫌気がさして、教師をすぐに辞めてしまうのは非常にもったいないことです。

しばらくペースダウンして、心身のパワーを蓄えるのをおすすめします。今在籍している学校で力を発揮し切れていないと感じるならば、異動希望を出してみるのもいいでしょう。教師を辞めずに、なおかつ自分の特性を生かせるような職場に行けるかもしれません。

辞めたいという気持ちに強くとらわれていたり、体調の変化も感じたりするようであれば、その背景にはうつが潜んでいることもあります。うつの前兆は睡眠障害です。不眠が1週間程度続いたらメンタルクリニックへ行き、適切な治療を受けてください。そして治療を受けている間は、教師を辞めてしまおうなどという大きな判断は控えることです。

なぜ私がこのようなことを言うかというと、気持ちが揺れているときに大事な決断をしてしまい、後で「辞めるんじゃなかった」と後悔される先生方が多いからです。勢いで教師を辞めてしまって、数年後に「どうやったら、また、教師に戻れますか」

と私のところへ相談しに来る方もいます。

教師ほど、心を深いところで満たせる仕事はめったにありません。落ち込んでいるときに大切な決断をするのは避けてください。落ち込んでいる時は、しっかり落ち込んで、しっかり休んでください。エネルギーの充電に専念するのです（どん底に沈んで、「自分には価値がない」としか思えない時は、ただひだすら寝る。寝たまま、藤田麻衣子さんの「あなたは幸せになる」をくり返し聴きましょう。おすすめです）。

そして、しばらく時が経って、心が元気になったときに、それでも辞めたいと思ったら辞めましょう。バランスを崩しているときは、心身のエネルギーを補充することに集中するのです。

10年20年、30年と教師を続けていると、「私は本当にこの仕事に向いているのだろうか」「人生これでいいのだろうか」と疑問に駆られることもあって当然です。

そういうときにおすすめなのは、ワクワクする内容が満載の最先端の研修に参加することです。「このままでいいのか」という空虚感があるのは、本当の意味で自分が成長している実感を持てないからです。最先端の研修に参加すると、教師という仕事本来の面白さに改めて気づくきっかけになるかもしれません。
自分自身の人間的成長、人生についての気づきを得るために、心理学の研修会に出るのもよいと思います。私が講師を務める、「気づきと学びの心理学研究会」(http://morotomi.net/)も先生方がたくさん参加しています。おすすめです。

教師は素晴らしい仕事です。

今はつらくても、教師をすぐに辞める道は選ばないでください。これまで出会った子どもたちの中には、あなたの存在で救われたり笑顔になったりしてきた子どももたくさんいるはずです。彼らにとって、あなたは間違いなく必要な存在でした。
これからも、きっとあなたの存在に救われる子どもたちがいることでしょう。子どもたちが大人になり、長い人生の中で、つらいとき、悲しいとき、人生を投げ出してしまいたいという思いに駆られるとき、そんなときにふと、先生からもらった「あなたならきっとできる」という言葉や、「あなたが幸せになることを願っている」と言ってくれた先生のことを思い浮かべて、心の支えとするはずです。

教師ほど、魂を込めて打ち込める仕事はなかなかないのです。

ひと息つくのは、悪いことではありません。けれどひと息ついたら、そのあとはどうか教師人生をまっとうすべく、もう一度歩み出されてください。

【初出・参考文献一覧】

本書の一部は、次の原稿の一部を取り出して、それを基にしながら大幅な加筆・修正を加え、新たな原稿として書き改めたものです。本書のそれ以外の箇所は、書き下ろしです。

『教育音楽　小学版』『教育音楽　中学・高校版』連載「教師の悩み相談室」（音楽之友社）
『〔音楽指導ブック〕チャートでわかる！メンタルヘルスにいきる　教師の悩み相談室　子ども・保護者・同僚と「いい関係をつくる」』（音楽之友社）
『総合教育技術』２０１１年10月号「悩める育成のためのストレス整理術」（小学館）
『月刊生徒指導』２０１７年６月号「悩める若手をどう教育するか」（学事出版）
『月刊生徒指導』２０１７年７月号「若手への研修を充実させるなら」（学事出版）

教師の悩み

著者　諸富祥彦

2020年6月25日　初版発行

諸富祥彦（もろとみ よしひこ）
1963年福岡県生まれ。筑波大学人間学類、同大学院博士課程修了。千葉大学教育学部助教授を経て、現在、明治大学文学部教授。教育学博士。現場教師の作戦参謀、「教師を支える会」代表。臨床心理士、公認心理師、上級教育カウンセラーなどの資格を持つ。主な著書に『教師の資質』（朝日新書）、『教師の悩み解決術』（教育開発研究所）、『図とイラストですぐわかるカウンセリングテクニック80』『教師の悩みとメンタルヘルス』（図書文化）など。http://moritomi.net/

発行者　横内正昭
発行所　株式会社ワニブックス
〒150-8482
東京都渋谷区恵比寿4-4-9えびす大黒ビル
電話　03-5449-2711（代表）
　　　03-5449-2734（編集部）

カバーデザイン　小口翔平+三沢稜（tobufune）
ブックデザイン　橘田浩志（アティック）
協力　佐藤有利子
構成協力　佐藤 智（レゾンクリエイト）
　　　　　山守麻衣
編集協力　杉本透子
校正　玄冬書林
編集　内田克弥（ワニブックス）

印刷所　凸版印刷株式会社
DTP　株式会社 三協美術
製本所　ナショナル製本

ISBN 978-4-8470-6641-2
ワニブックスHP　http://www.wani.co.jp/
WANI BOOKOUT　http://www.wanibookout.com/
WANIBOOKS NewsCrunch　https://wanibooks-newscrunch.com/